1、浙江省教育厅项目："重要窗口"背景下农村创业人才精准化培养模式研究（Y202045063）

2、2021—2022年度浙江省产学合作协同育人项目：农林业数字化创新创业人才培养教育改革研究（134号）

高校创新创业人才培养教育改革研究

黄　萍◎著

中国原子能出版社

图书在版编目（CIP）数据

高校创新创业人才培养教育改革研究／黄萍著 . ——
北京：中国原子能出版社，2023.6
　ISBN 978-7-5221-2745-3

Ⅰ . ①高… Ⅱ . ①黄… Ⅲ . ①高等学校－人才培养－
研究－中国 Ⅳ . ① G649.2

中国国家版本馆 CIP 数据核字（2023）第 100567 号

内 容 简 介

　　本书通过分析高校创新创业教育和人才培养机制，更深层地阐述了从国家和学校层面如何做好高校创新创业人才的培养，同时将高校创新创业教育与专业教育相融合，指明了未来的发展方向。我国的高校人才创业培养需要政府的规划，多方的奖励，只有这样高校人才才能更好地去创新创业。本书主要内容包括创新与创业概述、高校创新创业教育研究、高校创新创业人才培养的运行机制、高校创新创业人才培养的改革内容、高校创新创业人才培养的创新路径、高校创新创业人才培养的实践路径。本书结构合理，条理清晰，内容丰富新颖，可读性强，是一本值得学习研究的著作，既可作为普通高等院校大学生创新创业课程的指导用书，又可供社会各类创业者学习阅读。

高校创新创业人才培养教育改革研究

出版发行	中国原子能出版社（北京市海淀区阜成路 43 号 100048）
责任编辑	张　琳
责任校对	冯莲凤
印　　刷	北京亚吉飞数码科技有限公司
经　　销	全国新华书店
开　　本	710 mm × 1000 mm　1/16
印　　张	13.25
字　　数	210 千字
版　　次	2024 年 3 月第 1 版　2024 年 3 月第 1 次印刷
书　　号	ISBN 978-7-5221-2745-3　　定　价　82.00 元

网　　址：http://www.aep.com.cn　　E-mail:atomep123@126.com
发行电话：010-68452845　　　　　版权所有　侵权必究

前言

　　经济全球化正在全球范围内蔓延,经济全球化的实质是一场"人才的革命",对人才提出了更高、更新的要求。我国要想在未来的国际经济浪潮中赢得主动权和发展先机,关键是培养大批能够适应经济全球化的各行业创新创业人才和高素质劳动者。为加快建设创新型国家的进程,缓解大学生日益严峻的就业压力,高校必须积极开展创新创业教育,构建多元化的创新创业人才培养模式。

　　目前我们所处的时代,是"创业求生存、创业求发展"的时代。创业活动是人类一种基本的社会实践活动,作为经济社会当中发挥着关键作用的一种经济形态,它是经济增长的主要驱动力之一,能够推动创新成果向现实生产力转化。创业以特有的魅力,改变着一个又一个国家和地区的经济发展轨迹,已成为这个时代的主旋律与最强音,英雄式创业人物不断地涌现出来,并且催人奋进。在当今世界,全球创业活动比以往任何时候都更为活跃,国家和地区之间的竞争日益聚焦在其创业水平和创业成果上,创新和创业已经成为科学技术转化为现实生产力的桥梁,成为经济发展与社会进步日益重要的推动力。

　　本书从高校创新创业人才培养教育改革的角度出发,一方面通过分析高校创新创业教育和人才培养机制,更深层地阐述了从国家和学校层面如何做好高校创新创业人才的培养;另一方面阐述了高校创新创业教育与专业教育的融合,指明了将来的发展方向。我国的高校人才创业培养需要政府的规划,多方的奖励,只有这样高校人才才能更好地去创新创业。本书内容分为六章,主要包括创新与创业概述、高校创新创业教育研究、高校创新创业人才培养的运行机制、高校创新创业人才培养的改革内容、高校创新创业人才培养的创新路径、高校创新创业人才培养的实践路径。

　　本书成果是基于社会发展、高校变革和办学探索而成的,既是著作者本人研究探索的成果,也包含着集体探索的智慧。本书在撰写过程中参考了大量的资料,同时也得到了各位同行的鼎力相助,在此向他们表示诚挚的谢意。虽然本书经过多次的检查与修改,但难免存在一些问题,还希望广大的学者积极地提出有关的问题,通过后期的修正使本书更加完善。

作　者
2023 年 4 月

目 录

第 一 章

创新与创业概述

"大众创业，万众创新"出自2014年9月李克强总理在达沃斯论坛上发表的讲话。自此，"大众创业，万众创新""双创"等热门词汇便被更多人所熟知了。本章主要对创新创业的时代背景，创新创业的内涵、两者之间的关系，影响创新创业的因素进行详细叙述。

第一节 创新创业的时代背景

一、国家发展需要创新创业

（一）从国际形势来看，时代呼唤我们必须创新创业

2020 年，新型冠状病毒肺炎席卷了整个世界，甚至导致了世界的经济"停摆"，世界局势发生了翻天覆地的改变……

华为 5G 芯片之难，令人深思。"创新创业"不仅是每个中国人实现更高目标的一条行之有效的道路，同时也是当今世界风云变幻的时代背景赋予我们的责任和使命。纵观新中国成立 70 多年的历程，"独立自主，艰苦奋斗"是每个中华儿女的奋斗目标，神州探月，蛟龙下海，北斗升空，航母服役……即使在当年的艰难困苦岁月中，科学家们冲破一切艰难险阻，成功地造出了原子弹！创新是中华民族儿女的固有气质，中华 5000 年的历史长河，源自中国人自强不息，勇于创新的禀性。纵观我国的发展历程，我们可以看到，新中国开启了自力更生、自主创新的大门，改革开放更是点燃了人人创新创业的火种，调动千千万万人的积极性、创造性。从发展的角度来分析，当前，我国的经济发展已经步入了新常态，经济增长的动力正在削弱，可持续发展面临的资源环境约束持续加剧，对资源和环境的制约日益增强，生产要素成本不断升高，我国急需寻找一条转变发展方式、提质增效的道路。中国要想在全球科技与工业发展的新形势下赢得先机，就得依靠自主创新。

（二）从国内形势来看，时代也在呼唤我们创新创业

创业创新是一颗扎根于每一个人内心并拥有强大活力的"不灭发动机"。

生产力对人类社会起到了重要的推动作用。国家要发展，单靠解放生产力是不够的，更要解放社会创造力。截止 2023 年 3 月，中国人口总数 14.47 亿，位居地球第一。在 14.12 亿充满智慧、充满活力的中华儿女中，蕴含着无限的创造力。我们不妨想象一下，当 14.47 亿人的创造力都能完全发挥出来，将对整个国家的经济和社会发展产生什么样的影响。

"双创"对促进经济转型，培育新的发展引擎，增强新的发展动力，走创新驱动的发展之路，具有重要的现实意义。要使经济实现持续、快速、健康发展，必须建立起一个健全的市场主体，建立起一个规范的监管体系，形成一个良好的市场环境。不管是"大众创业"，还是"万众创新"，都离不开"众"这个字。

像中国这么大的一个国家，经济体量大，仅靠几家企业是很难实现全国市场的统一。在国家与经济的不断发展过程中，人们认识到，要想实现经济持续稳定增长，要不断激发市场活力，有了人气，才会带来源源不断的财气。推进"双创"，不仅能够极大地促进人、财、物等各类市场因素的有效流通，而且能够倒逼经济结构不合理、市场监管不力等不合理的体制机制，实现机制体制改革与创新，激发市场活力和发展内生动力，进而提升整个经济的运行效率。

而"双创"又是贯彻群众路线，满足人民群众过上丰衣足食，幸福安康的美好生活的愿望的必然要求。"大众创业、万众创新"的参与主体是一个由零到有，由少到多，是人的创造性社会实践过程。"双创"是一个具有创新精神的人类活动。通过"双创"等多种途径，调动和激励整个社会的积极性，使生产力得到充分的释放和发展，从而达到人类的共同繁荣与富裕。一花独放不是春，百花齐放春满园。"双创"是一个充满了挑战与机会的过程，它将伴随着艰苦的努力与艰辛，也将伴随着收获的景象。像阿里巴巴这样的国际大公司，就是从底层做起来的，经过了无数次的努力，才获得了今天的成就。更难能可贵的是，随着"互联网＋"这一新技术的迅速发展，普通人创新创业的机会大大增加。

哈佛大学教授加里·金曾表示，海量的数据引发了多个部门的量化进程，而这些量化进程在学术界、商界、政府部门等各个领域均开始展开。随着人类对庞大数据的不断挖掘与利用，人类将迎来一场生产率增长与消费者盈余的新高潮。那么，大数据时代给创业者创业又带来了什么呢？首先，越来越多的创业者将创业领域集中数据在挖掘和应用本身。以阿里巴巴集团为例，它在经营天猫超市、百亿补贴、天猫国际、飞猪旅行等网络交易平台的平时，还支持众多中小型企业完成网上交易，在这个过程中积累了海量的消费者数据，对其进行深入挖掘已成为一个新的商业领域。为此，阿里巴巴在 2012 年 7 月宣布设立了首席数据官（Chief Data Officer, CDO），全职负责推动数据平台共享策略的实施。其次，对于新创公司而言，注重业务资料的累积是获取其核心竞争力的关键。因为，随着数据已经变成了一种非常关键的生产因素，所以，在大量的商务数据当中，可以看到，如果没有对它们进行有效的控制，那么，就很难获取到核心技术的相关信息，从而丧失了自身的核心竞争力。比如，在汽车产业中，与汽车设计有关的数据等会被集中在特定的数字平台上。但是，一个汽车企业如果只是进行了汽车的生产和制造，而不进行产品的研发，那么就不可能将数字平台的数据收集起来，最后将其锁定在制造领域。因此，在全球范围内，企业如何进行"生产"和"服务"并不重要，重要的在于企业的"生产和服务"将向何处聚集。因此，以航空、汽车等装备生产领域为代表的研发测试工具系统、医药领域为代表的药物研发设备与模型、在线交易系统等的大数据聚集载体，将在当今的全球创业大背景下，形成一个具有自主知识产权的新型企业。

最近几年，随着我国的高速发展，移动通信终端的普及，生产和管理的自动化水平不断提升，以众筹为代表的新型商业形态，有利于建立风险共担和利益共享的机制，为有梦想、有意愿和有能力的人们提供了一个广阔的舞台，让他们有机会一展身手。

（三）国家出台系列政策促进"双创"工作

近年来，国家对创新创业给予了高度的重视，相关部门出台了许多有关创新创业的文件，具体如图 1-1 所示。

1998年12月24日，教育部在《面向21世纪教育振兴行动计划》中首次提出了大学生创业教育的概念——"加强对教师和学生的创业教育，采取措施鼓励他们自主创办高新技术企业"

2007年8月6日发布实施的《关于进一步加强创业培训推进创业促进就业工作的通知》（劳社部发〔2007〕30号）指出"创业培训是提高劳动者创业能力的重要手段，是推进创业促就业工作的重要内容"，并要求各地要进一步加强创业培训

2007年10月25日，胡锦涛在党的十七大报告中首次出现"实施扩大就业的发展战略，促进以创业带动就业"的提法

2008年1月1日起实施的《中华人民共和国就业促进法》明确了"创业培训"的地位以及对促进就业的积极作用，将"创业培训"作为政策支持的重点

2008年3月28日发布的《国务院关于做好促进就业工作的通知》（国发〔2008〕5号）提出"改善创业环境，推动创业促进就业"

2009年1月19日发布的《国务院办公厅关于加强普通高等学校毕业生就业工作的通知》（国办发〔2009〕3号）提出"鼓励和支持高校毕业生自主创业"

2010年10月25日发布的《国务院关于加强职业培训促进就业的意见》（国发〔2010〕36号）提出"积极推进创业培训"

2010年5月4日发布的《教育部关于大力推进高等学校创新创业教育和大学生自主创业工作的意见》（教办〔2010〕3号）指出"大学生是最具创新、创业潜力的群体之一。在高等学校开展创新创业教育，积极鼓励高校学生自主创业，是教育系统深入学习实践科学发展观，服务于创新型国家建设的重大战略举措；是深化高等教育教学改革，培养学生创新精神和实践能力的重要途径；是落实以创业带动就业，促进高校毕业生充分就业的重要措施"。提出全面在高校推行创业教育的意见——"大力推进高等学校创新创业教育工作""加强创业基地建设，打造全方位创业支撑平台""进一步落实和完善大学生自主创业扶持政策，加强创业指导和服务工作""加强领导，形成推进高校创业教育和大学生自主创业的工作合力"等

2014年9月夏季达沃斯论坛上，李克强总理提出"大众创业、万众创新"，要在960万平方千米土地上掀起"大众创业""草根创业"的新浪潮，形成"万众创新""人人创新"的新态势。自此，"创新创业""双创"发展如火如荼

2015年5月13日，发布了《国务院办公厅关于深化高等学校创新创业教育改革的实施意见》（国办发〔2015〕36号，以下简称《意见》）。《意见》指出，"深化高等学校创新创业教育改革，是国家实施创新驱动发展战略、促进经济提质增效升级的迫切需要，是推进高等教育综合改革、促进高校毕业生更高质量创业就业的重要举措"。其中"主要任务和措施"包括"健全创新创业教育课程体系""强化创新创业实践""改革教学和学籍管理制度……各高校要设置合理的创新创业学分，建立创新创业学分积累与转换制度""加强教师创新创业教育教学能力建设""改进学生创业指导服务""完善创新创业资金支持和政策保障体系"等

2015年11月27日，发布了《教育部关于做好2016届全国普通高等学校毕业生就业创业工作的通知》（教学〔2015〕12号）（以下简称《通知》）。《通知》指出，"从2016年起所有高校都要设置创新创业教育课程，对全体学生开发开设创新创业教育必修课和选修课，纳入学分管理。对有创业意愿的学生，开设创业指导及实训类课程。对已经开展创业实践的学生，开展企业经营管理类培训。要广泛举办各类创新创业大赛，支持高校学生成立创新创业协会、创业俱乐部等社团，举办创新创业讲座论坛。高校要设立创新创业奖学金，并在现有相关评优评先项目中拿出一定比例用于表彰在创新创业方面表现突出的学生"。除了"加快推进创新创业教育改革"，《通知》还要求"落实完善创新创业优惠政策""加大创新创业场地建设和资金投入""不断提升创新创业服务水平……各地各高校要配齐配强创新创业教育专职教师，聘请各行各业优秀人才担任兼职教师，建立全国万名优秀创新创业导师人才库。要创新服务内容和方式，为准备创业的学生提供开业指导、创业培训等服务，为正在创业的学生提供孵化基地、资金支持等服务"

2017年7月27日发布的《国务院关于强化实施创新驱动发展战略进一步推进大众创业万众创新深入发展的意见》（国发〔2017〕37号）指出，"创新是社会进步的灵魂，创业是推进经济社会发展、改善民生的重要途径，创新和创业相连一体、共生共存。近年来，大众创业、万众创新蓬勃兴起，催生了数量众多的市场新生力量，促进了观念更新、制度创新和生产经营管理方式的深刻变革，有效提高了创新效率、缩短了创新路径，已成为稳定和扩大就业的重要支撑、推动新旧动能转换和结构转型升级的重要力量，正在成为中国经济行稳致远的活力之源。为进一步系统性优化创新创业生态环境，强化政策供给，突破发展瓶颈，充分释放全社会创新创业潜能，在更大范围、更高层次、更深程度上推进大众创业、万众创新……"

2018年9月26日发布的《国务院关于推动创新创业高质量发展打造"双创"升级版的意见》（国发〔2018〕32号）指出，"创新是引领发展的第一动力，是建设现代化经济体系的战略支撑。近年来，大众创业万众创新持续向更大范围、更高层次和更深程度推进，创新创业与经济社会发展深度融合，对推动新旧动能转换和经济结构升级、扩大就业和改善民生、实现机会公平和社会纵向流动发挥了重要作用，为促进经济增长提供了有力支撑。当前，我国经济已由高速增长阶段转向高质量发展阶段，对推动大众创业万众创新提出了新的更高要求"。并要求"各地区、各部门要充分认识推动创新创业高质量发展、打造"双创"升级版对于深入实施创新驱动发展战略的重要意义，把思想、认识和行动统一到党中央、国务院决策部署上来，认真落实本意见各项要求，细化政策措施，加强督查，及时总结，确保各项政策措施落到实处，进一步增强创业带动就业能力和科技创新能力，加快培育发展新动能，充分激发市场活力和社会创造力，推动我国经济高质量发展"

图1-1　国家出台创新创业系列文件

二、高校需要创新创业教育

创新创业教育是在创新教育和创业教育的基础上延伸出来的，而不是把创新教育与创业教育进行加法运算，从而得到创新创业教育。把这两种教育相加，过于简单，失去了创新创业教育的本质。经过多年的理论探索,我国高校创新创业教育已具备了较为丰富的内涵。早在2010年,教育部就已经明确了创新创业教育的概念,并指出创新创业教育是一种在经济社会发展需要下形成的一种新型教育模式,它承载着新的教育理念,以知行合一为教育核心,在素质教育的基础上,采用新的教育形式,来培养学生的创新创业能力。高等教育学院学术部高晓杰副处长(2007)提出,创新创业教育是在知识经济的背景下产生的,从本质上说,创新创业教育是一种素质教育,它相对于传统的教育(如应试教育、创新教育、创业教育等),具有更深层次的内涵,它的终极目标是培养具有创新精神和实践技能的优秀创新创业人才。

所以,在21世纪,在人才竞争越来越激烈的今天,为了满足国家战略发展、建设创新型国家的需求,高校创新创业教育是在新的教育理念下,对原来的教育模式进行了转变,对创新创业教育的教学方式进行了丰富,以培养社会所需的具有创新思维、实践能力和责任担当的综合型高素质创新创业人才为目标的新型教育,其最终的落脚点集中在人才培养上,从而促进高等教育进一步改革和深化发展。

三、大学生向往创新创业

目前,我国高校学生对创新创业的关注程度不断提高,参与到创业活动中的比例也在不断增加。

对大学生来说,不管是被动地"就业",还是积极地寻求"时间、财富和梦想",都在积极地追求"创业",因此,开展创新创业教育已成为当务之急。

对于大多数学生来说,在学校里呆了十几年、有的甚至长达二十几年,都是为了毕业后进入社会大干一场做准备。当今社会竞争日趋激烈,若能参与到创业的实战中去,并取得一定的成绩,将是一件"建功立业兴天下"的事。

"建功"一词,指的是创业者对社会作出贡献、建功立业的渴求。特别是那些事业型创业者,他们大部分都有着很强的社会责任感,并且一直在为社会创造着价值。他们希望能够在大的范围内,将各种创业资源进行整合和利用,从而为社会创造更多的价值。

"立业",就是创业者把立志成就一番大业作为自己的使命,去创造属于自己的事业。特别是对于事业型的创业者来说,他们对于事业的追求主要体现在思想之高、境界之高与价值之高,最终的目的是在成就一番自己的事业的同时,造福社会。

没有"创新",就没有"建功立业"。"创新"是每个创业者都必须具备的优良品质,相对于普通创业者,事业型创业者需要具备更强的创新思维与能力。只有通过创新,才能创造出与众不同的产品,才能发现新的工艺、方法,满足客户多重需求,提高客户满意度,建立长期合作。

当今大学生所处的社会环境正在发生着巨大的变革,不管是不是"创业",他们都必须以"创新创业"的心态和素质去面对自己未来的"就业""创业"。如果以后想要参与到真正的创业活动中,就需要更多的创业理念来引导。就算将来不是要做一名创业者,也要以一种创新精神来迎接挑战。因此,不管从哪方面来看,对大学生进行创新创业教育都是当务之急。

在这里需要特别说明的是,创新创业教育的目的并不是要让大学生人人都去创办公司、创办企业,而是要让他们对企业有更深一步的认识,对创业的基本过程有更多的了解,体会到创业过程中的艰辛与创业成功的喜悦。在此基础上,对大学生的创新创业精神进行培养,提升他们创新创业的能力,为他们将来更好地就业创业奠定基础。

第二节　创新与创业的内涵

一、创新的概念

从狭义上讲,"创新"是一个经济学概念;从广义上讲,"创新"不仅是指从无到有的创造,也包括从旧到新的创造,不管是产品的形态、造型、工艺、流程,还是管理的制度、观念、文化,只要与既有的相比,在形式或内涵上有了新的突破。

创新是指提出不同于一般人思维方式的观点,可以运用已有的知识和材料,在特定的情况下,根据理想化的需要,或者为了符合社会的需求,对事物、方法、元素、路径、环境进行改进或者创造,并且可以取得一定有益效果的行为。

俞敏洪对于创新的解释：必须先有从 0 到 1 的本领，然后再从 1 到 N，这是一个不断增量积累的问题。俞敏洪拿自己举例：当年他从北京大学出来做新东方，就是从 0 到 1 的突破。新东方不断发展，从最早只有 13 个学生的一个小教室，发展至美国上市，这是从 1 到 N 的过程。

二、创新的基本类型

每个人都可以成为创新者，对于普通人来说，创新不是遥不可及的，一个团结协作、富有战斗力和进取心的团队，配以高效、系统化的方法，可以有效实施创新，取得令人满意的成绩。

（1）赢利模式创新。赢利模式创新是指企业寻求一种将既有产品、或者其他有价值的资源转变为现金。这样的创新经常对企业中的一些传统观念提出质疑，比如生产什么产品，产品的定价是多少，怎样获得收益等等。赢利模式创新的典型代表是溢价和竞拍。

（2）网络创新。当今社会，高度互联，任何一家企业都不敢说不论是技术、产品，还是渠道、品牌等问题都能自己完成，往往需要与其他企业合作，实现共赢。在当今高度互联的世界里，没有哪家公司能够独自完成所有的事情。网络创新的典型代表是悬赏或众包。

（3）结构创新。企业结构的创新就是以一种特殊的方法去整合企业的各种资源，包括硬件资源、人力资源和无形资源，为企业创造价值。这包括了从人力资源的管理体系到大型固定设备配置等各个方面。如建立激励机制，激励员工朝着特定目标努力，实现资产标准化，以减少运营费用、降低管理难度等。

（4）流程创新。流程创新涉及公司主要产品或服务的各项生产活动和运营。这种创新要求对过去商业运作模式进行根本性的改革，从而赋予企业特殊的功能，可以有效地运作，快速地对新情况作出调整，并且在整个行业中取得比其他企业更大的利润。流程创新常常构成一个企业的核心竞争力。

（5）产品性能创新。产品性能创新既可以指产品的结构或工艺有了改进，产品的设计制造费用有了大幅度的降低，产品的设计更加符合人机工程学的概念、更受消费者的青睐，也可以指产品更有利于人体身体健康，对环境资源的破坏性小等。这是最容易被竞争对手效仿的一类创新。

（6）产品系统创新。产品系统创新就是通过把单一的产品与服务结合在一起，形成一个具有很强的可扩展性的体系。产品系统创新有助于帮助企业构建一个既能吸引客户，又能让客户满意，又能抵御竞争对手的攻击的生态环境。

（7）服务创新。服务创新可以在使产品的功用、性能和价值得到提升的同时，更容易激起消费者的好奇心，他们愿意进行试用体验，了解平时不易引起重视的特性和功能，消费者平时使用过程中遇到的问题能够得到妥善解决，增加消费者体验愉悦度。

（8）渠道创新。渠道创新是指把产品与消费者和用户连结起来的各种方式。尽管近几年来，电子商务已经占据了主导地位，但是，传统的销售渠道，比如实体商店，仍然具有举足轻重的地位，尤其是如何给消费者带来沉浸式的体验。这一领域的资深创新者通常将传统渠道与新型渠道结合起来，挖掘出互补的方式将自己的产品和服务更好地呈现给消费者。

（9）品牌创新。品牌创新可以使消费者和用户在面临与其相类似的商品或其替代品的时候，能够认清并记住你的商品，从而选择你的商品。优秀的品牌创新可以提炼一种"承诺"，这个承诺可以吸引买家，并且可以传达出一种独特的特性。

（10）顾客契合创新。顾客契合创新就是要了解客户及使用者的深层次需求，并以此建立和发展客户与企业之间的有意义的关系。顾客契合创新为企业提供了更大的发展空间，并有助于人们寻找更好的方式来让他们的生活更值得纪念，更有成效，更快乐。

单一的创新，如仅选取一种或两种形式，并不一定能取得持久的成功。企业要建立可持续的竞争优势，就必须将以上提到的各种创新方式进行综合运用。

三、创新的特征

创新是人类所独有的一种认知能力和实践能力，它是人的主观能动性的一种更高级的表现形式，也是促进国家进步和社会发展的不竭动力。在人类社会以外，其他的动植物仅仅是进化和演化，并没有创造。创新是以基本的专业知识为基础，通过艰苦的精神劳动作为方法，以敏锐的观察力、丰富的想象力和深刻的洞察力作为指导，反映出了与事物发展的要求相一致的基本规律,是一种有规律的实践活动。

　　创新是在实践中取得突破。它既非一般的重复性工作,也非对原有内容的单纯润色,而是突破性、根本性的改变,综合性的创造。在继承中有升华,在继承中有创新。创新具有变革性、高风险性、价值性、动态性、时机性、超前性。

(一)变革性

　　创新是指对现有的东西进行改造、创造,是一种深刻的变化。创新是一种具有创造力的思维方式,是一种具有创造性的实践活动。创新活动及其结果,是前人或他人没有认识到、实现或更好地运用的创造性劳动的结晶;甚至对于类似的行为及其成果来说,创新是指质的改善和提升,或者是更好地使用某物。创新者应该解放思想,开拓进取,敢于进行变革和革新,勇于运用创造性的思维,并从事创造性的实践活动。

(二)高风险性

　　创新活动的变革性也决定了其风险性。实践表明,企业创新是否能够获得成功,以及成功的高度,是所有人都无法能够准确地预料到的,因此承担的风险高。总的来说,能够取得成果并取得预期成果的,通常是少数,或者说很少。如果创新不成功,那么在创新上所付出的巨大投资就得不到回报,同时也会错失发展机遇,从而影响其在市场上的竞争力。在企业中,企业创新面临的风险包括市场风险、技术风险和组织文化风险。创新的市场风险主要表现在,很难掌握顾客的需求及其产品在市场中的份额,所以,创新的决策和最终的结果,很难确定它是否会被用户所接受,是否会受到市场的欢迎,是否会超过竞争对手。创新的技术风险是由于在研发、商业化过程中,企业不确定是否能够克服技术困难,以及是否能够克服高昂的成本,所以,在技术上是否能够获得成功,具有一定的不确定性。与此同时,创新也会带来组织架构上的风险,为了加强企业的凝聚力,每一家公司都有自己独特的组织文化,组织文化创新,可能会损害部分员工的利益,或是新的组织文化与公司的发展理念不符,这就可能导致组织文化创新的推进工作会遇到很多障碍,甚至可能会推行不下去。尽管创新是有风险的,但这并不意味着它就会比守旧承担的风险更大。因循守旧,固步自封,同样会导致企业萎缩,跟不上市场变化,甚至被时代大潮无情淘汰。要对创新的高风险性有清醒的认识,能够承担得起创新不成功带来的后果,在创新的过程中,尽量多采取有效措施降低创新成功的不确定性,是管理的创新职能所在。

(三)价值性

创新的价值是明显而具体的,其产生的经济效益和社会效益也是显而易见的。一次成功的创新,可以带来巨大的价值,也可以带来意想不到的结果。创新具有较高的风险,但也具有较高的价值,高价值与高风险并存,两者之间呈正相关关系。总体而言,创新获得的效率与经济、社会、生态价值远高于其投入与风险所造成的损失。

(四)动态性

这个世界无时无刻不在发展变化着,除了组织的外部环境和内部条件在持续地改变之外,组织的创新能力也需要持续地积累,不断地提升,对创新能力起决定性作用的创新因素也都在不断地进行着动态调整。在企业之间的竞争中,企业的竞争优势会随着企业的创新而逐渐消失,这就要求我们持续地进行一次又一次的创新,从而持续地建立起企业的竞争优势。所以,创新是动态的,而非静态的。在不同的发展阶段,企业创新的内容、方式和水平各不相同。从总体上讲,在过去的一个阶段,低层次的创新必然会被下一个阶段的高层次的创新所取代。企业创新行为的持续开展、企业创新水平的提升,是企业发展的内在动力。

(五)时机性

创新的时机性,就是创新机遇总是在特定的时期出现的。只有正确认识客观存在的时机,把握住机遇,才能实现创新;反之,则会导致创新活动的失败。创新的时机性对创新者的要求较高,在作出创新决策的时候,创新者要以市场变化的发展趋势、社会科技技术水平以及专利信息情况为基础,来确定发展的方向,并对这个方向上的创新所处的发展阶段进行正确的判断,从而找到一个合适的切入点,从而抢占先机,取得更多的创新成果。

(六)超前性

创新的灵魂是求新,是超越。这是一种立足于现实、实事求是的超前。顾客的喜好各不相同,而且总是在改变。乔布斯的成功在于他具有先知先觉的创造力,他不仅着眼于顾客的眼前,而且着眼于顾客的将来,以一种不断发展的眼光去看待顾客的将来,并最终设计出满足顾客要求的产品。

四、创业精神内涵

创业是管理领域的一个重要而复杂的概念,它包含了管理学、经济学和社会学等多个学科的内容。

创业指的是拥有风险承担能力的创业者或潜在的创业者,可以组织并参加的创造性活动。它是一种创新活动的行为过程,它指的是创业者的市场触觉,可以识别并抓住机遇,凭借获取并整合资源,创造出有价值的新事物的活动过程。

一个真正的创业者,不仅要有激情,还要有毅力,这就是我们所说的创业者要有创业精神。创业精神是指在创业者的主观世界中,具有开创性的思想、观念、个性、意志、作风和品质等。激情、积极性、适应性、领导力和雄心壮志是创业精神的五大要素。一些人认为,创业者精神就是战胜"恐慌",持续探索新的商机,而另一些人则将其与持续开发新产品或新服务的"欲望"联系起来。我们认为创业精神包括以下三个重要的内涵。

(1)对商机的敏锐性。有创业者精神的人,应该能敏锐地捕捉到外界的最新变化趋势,尤其是那些以前没有被人关注到的,更应该抓住时机,去开拓新的商机。

(2)敢于创新。富有创业精神的人往往是最有创新精神的人。要想在激烈的商业竞争中立于不败之地,创业者就必须持续地进行创新,不断开发新产品,优化新工艺,降低成本,改变营销策略等等,才能在艰苦创业中笑到最后。

（3）追求卓越。创业者追求业绩增长，期望自己的公司能够不断发展壮大，在激烈的竞争中立于不败之地，希望自己的员工努力工作获得好的生活。

创业者必须具备以下几种创业精神：理想主义情怀和精神，坚定的信念和坚持的精神，胆大精神，诚信精神，合作精神。

五、创业的主要挑战

创业活动所面对的主要挑战有：

（1）风险承担。创业活动充满着不确定与风险，市场的变化是难以捉摸的，企业的回报是不确定的，甚至是一点保障都没有。如果失败，那么很有可能会输得一干二净，甚至破产。

（2）责任和付出。在创业的过程中，企业家必须不断地学习，才能独立地处理新的问题；要与顾客及社会各方面保持良好的关系；需要花费更多的时间和精力去经营维护。在面临危险与困难的时候，创业者不能后退，要勇于面对，主动寻找解决的办法。与在大公司或政府机构工作相比，创业者对于重大机会与宏伟目标的追逐，需要更多的责任感。

（3）财务问题。在创业过程中，没有固定的收入，也没有附加的收益，创业者要真正认识到自己的能力和财务状况，确保公司在一个良好的资产运营状态下，才能获得生存与发展，否则资金链一旦断裂，所有的努力将会前功尽弃。

六、创新创业与大学生职业发展

（一）创新和创业的关系

在经济全球化加速，知识经济时代来临的今天，创新与创业已成为时代的主题，并已成为经济发展的重要途径。众多研究表明，创新和创业是两个紧密联系在一起的实践活动。如何正确地把握与处理创新与创业的关系，搭建创新与创业的桥梁，是决定创业成功与否的关键，也是决定企业未来发展命运的关键。

创业与创新是一个永恒的话题，也是一个时代的主题。当今世界已经由传统的工业文明过渡到了现代的信息化文明，伴随着"知识经济"的兴起，其核心正是"创新"。随着知识经济时代的到来，全球综合国力的竞争日益向创新型人才的数量与质量的竞争转变，创新的竞争优势日益突出。因此，创业与创新的教育与实践是培养民族创新精神的重要动力，是实现21世纪中华民族伟大复兴的关键所在，也是将我国巨大的人口压力转变为丰富的人力资源的根本出路。科技制度创新是一个国家创新体系的核心，是一个企业能否生存和发展的关键。企业技术创新的发展，必须依靠科技制度的持续创新，从根本上改变长期以来"两张皮"的问题，并为其组织、执行、管理等方面提供必要的支持与保证。

创新和创业相互补充，不可分割。创新是创业的手段和基础，而创业是创新的载体。企业要想生存，要发展，必须要不断地进行创新。在创业过程中，企业要在市场开发、产品制造、技术改造、商业模式、管理体制等多个层面上不断地探索与创新。同时，创业者需要跳出固有的思维模式，识别创业机会，只有不断改革，才能使企业立足和发展。

在"全民创新"的大背景下，新时期的大学生更要抓住机会。大学生创业有着自己独有的优势，他们身上洋溢着一股朝气蓬勃、充满激情的气息，还有一种"初生牛犊不怕虎"的精神，这些都是优秀创业者所应该具备的品质。在丰富的理论知识之下，不管是在高科技的创新领域，还是在文化服务领域，大学生们都能够利用自己的所见所闻，从而完成自己的创业过程，"用智力换资本"成为大学生创业的特点，也是大学生创业的必由之路。虽然创业对大学生来说是很有挑战和难度的，但也要经常思考，用双眼去寻找新的创业之路。

1. 创新与创业的融合

近年来，各国学者对创新和创业之间的差异给予了高度重视，并试图揭示二者的内在关联和相互渗透和融合。两者之间的融合关系主要表现在以下三个方面。

（1）创新是创业的源泉，是创业的本质。在创业的过程中，创业者必须拥有旺盛的创新精神和创新意识，才有可能产生富有创意的想法或方案，才有可能持续地寻找新的思路、新的方法、新的模式、新的出路，并最终实现创业。

（2）创新的价值在于创业。创新的价值，在一定意义上，是把潜在的知识、技术、市场的机遇,转变为现实的生产力,使社会的财富增加,使整个社会受益。而要完成这一转变,最基本的方法就是创业。一个创业者可以不是一个创新者或者发明人,但是他一定要有一种能力去发掘潜在的商机,并且勇于承担风险;创新者也不一定就是创业者或者企业家,但是,科技创新成果必须通过创业者把它推向市场,让它的潜在价值市场化,只有这样,创新成果才可以转化为现实的生产力。

(3)创业推动并深化创新。创业能够推动新发明、新产品或新服务的产生,并产生新的市场需求,进而推动和深化科技创新,提升企业和国家的创新能力,推动经济发展。由此可以看出,创新和创业之间存在着清晰的界限,两者并不等同。但是,创新和创业并不是相互独立的,两者密不可分,相互交叉、渗透和融合。

2. 创新与创业本质的一致性

创新与创业具有相同的本质,都具备"开创"的特质。创新通常是创造的最初阶段,多指创新的理论和思想等方面。创业是一种在实际活动中进行的创造,它是创新思维、理论和技巧的应用和现实体现,它是创造活动的第二阶段,也是创新的最终目标。创新是创业的先决条件,并为创业活动提供相关的理论指导,可使创业者少走弯路,提高创业成功的几率。如果一个创业者的创新意识、创新思维不强,那么创业成功的几率很小,即使在汗水与泪水浇灌下,绽放成功之花,那么高度可能也是一般。

(二)国家为何大力倡导大学生接受创新创业教育

1. 开展创新创业教育有利于拓展就业渠道,缓解就业压力

最近几年,随着高校的整体招生数量的增加,大学毕业生的数量也在不断增加,大量的大学毕业生进入了人才市场,仅仅是大学毕业生这一项,就已经对社会造成了很大的就业压力,加之,政府机关以及其他事业单位在减员增效的情况下,很难招收更多的毕业生,而国有大中型企业以及其他单位由于进行了结构调整和产业优化重组,也很难为大学生们提供足够的就业岗位。随着我国经济的快速发展,高校毕业生的就业压力越来越大。所以,展开创新创业教育,教育并引导更多的大学生

加入创业创新队伍中来,这是大学生走向社会,迎接社会挑战的一条重要途径,同时也可以极大地缓解社会的就业压力。

2. 开展创新创业教育有利于提高大学生综合素质和核心竞争力

实施创新创业教育,是大学生自身发展的需要,大学生既要推动德智体美劳全面发展,又要具备创新意识、创造精神和创业能力,而对创业品质的培养,必须要通过创业教育来实现。创业教育既是素质教育的一种表现,又是一种强调教育创新、培养学生实践能力的教育。在未来的人才竞争中,核心竞争力的培育是关键,其主要内容有:提升高校学生的人文与科学素养,提升就业与创业技能,提升创新与创业精神。学校用创业教育来培养大学生良好的创业品质,培养大学生的实践精神、探索精神、冒险精神和创业能力,从而促使学生重视自身基本素质的提升,从而提高大学生的就业竞争力。

3. 培养大学生创新创业能力是适应社会主义市场经济发展的需要

伴随着市场经济的发展,城乡产业结构将会在市场的持续变化的基础上作出相应的调整,由此带来了劳动力的转移和职业岗位的转变。此外,还对未来的劳动者应具备新技术、新工艺的实施、新产品的开发和创造能力提出了要求,也就是说,未来的劳动者不仅要具备从业能力,还必须具备创新创业能力。所以,高校不断强化创新创业能力的培养,既符合社会主义市场经济条件下人才培养的需要,又有利于高校自身的改革和发展。

4. 培养大学生创新创业能力是推动创新型国家建设的需要

创新是一国之发展之魂,是一国强盛之源。一个具有创新精神、高质量人才的民族,在发展知识经济方面具有很大的潜能;一个没有足够的科技资源,没有足够的自主创新能力,就会错失"知识经济"所创造的机会。21世纪世界各国之间的竞争,既是一场国家间的经济与实力之战,也是一场科学技术与教育之战,说白了就是一场高质量的人才之战。大学是人才培育的摇篮,各种大学承担着培育基础扎实、具有创新精神、能够应对未来社会发展与挑战的优秀人才的第一要务。加强大学生创新创业能力的培育,是构建高等学校创新体系的关键和根本,可以有力地支撑和促进国家创新体系的构建,对创新型国家的建设具有重要的意义。

（三）创新创业教育对大学生的重要意义

1. 解决大学生就业问题，将创新成果转化为生产力

大学是创新的核心，任何的创新都必须对社会产生一定的有益影响才是有意义的创新，因此，大学肩负着为社会提供服务的任务，而这正是实现其服务任务的关键。大学生是大学的主体，他们将自己的创新成果通过创业的方式在社会中进行实践，既具有必然性，也具有必要性。大学生是具有创造力的青年，他们的创造力是人类社会发展的永恒源泉。

2. 大学生实现自我价值和社会价值的根本途径

在学校里，大学生可以学习到各种理论知识，并具备一定的创造力。在进行创业活动的过程中，大学生将自己的创意理念变成了现实，进而实现了他们的创新、创业的理想，同时也体现出了他们的自我价值，并获得了社会的认同。而这些创新与创业所取得的成就，也必将对全社会的进步作出相应的贡献。

3. 既培养了大学生的创新精神，又培养了大学生的开拓进取精神

创新意味着要做到别人未曾做到的，而创业则意味着要用独立和自我的精神去完成别人未曾完成的事业。将创新与创业有机地融合起来，就是指大学生用他们的独立与自我的精神去完成别人从未完成的任务。大学生是最具有活力的一群人，但是，他们如果丧失了对创新的冲动和渴望，这样不仅减弱了社会持续发展的动力，也让他们自己丧失了继续发展的动力。而且，如果创新不能与创业进行有机地融合，就很有可能成为一场空谈。

当今社会，创新无处不在，创业机会也无处不在，为大学生创新创业创造了一个良好的环境。首先，他们都是年轻人，都是有未来的，只有有未来的人，才有希望，只有有了希望，才有奋斗的理由，而拼搏就意味着有创新创业的可能。其次，在大学生的前面还有很多未知的地方，还有很多未知的人生等着他们去探寻，他们也得去探寻，不然就会原地踏

步,坐以待毙。正是这种对未知的探索,让他们更具有了一种冒险的精神,对每一件事,对未来的每一天,都有一种想要去尝试的欲望,一种对未来的向往,一种对新事物的向往,这是大学生创新创业的精神支柱。第四,与其他人群相比,在创新创业上有着"大学"的独特优势。一方面,通过对大学生进行科学的培训,使他们更有能力把自己的内在创新创业潜力转变为实际的创新成果和创业机遇;另一方面,因为大学所构筑的科学研究和社会服务的使命,大学在创新以及将创新转化为社会服务方面拥有着独特的优势。凭借这一优势,以及大学所处的环境状况,大学生群体在学习期间或者毕业后就更容易实现创新创业。当代大学生的学习活动实质上就是一个创造性科研活动。同时,高校作为科研的中心和社会服务的典范,更易于实现官产学研的高度融合,为大学生创业提供了最佳的平台。

第三节　影响创新创业的因素

一、创新的要素

(一)创新主体

创新主体是指创新行为的参与者,它应具有创新意识、创新精神、创新目的、创新能力等四个要素。创新思维是对创新内涵、价值、特征和规律的理解;创造性精神是在创造性活动中,将创造性目标转变为创造性成果所体现出来的一种感情与意愿;在创造性的目标上,创造性的目标就是要在创造性的活动中,通过一个由抽象到模糊,然后逐渐变得清楚的过程;创新能力指的是,在进行创新的过程中,通过自由选择、反复试错和最终作出决策,从而取得新成果的能力,它包含了两种类型,一种是创新思维能力,另一种是创新实践能力。从总体上看,创新意识、创新精神、创新目的和创新能力都是创新主体,也是创新目的和创新能力的体现。

（二）创新客体

创造客体包括三种形态：物质客体，问题客体，成果客体。创新客体的原始形态是物质对象；在对物质的认知与学习中，产生了待学习与解决的问题，创新客体便进入了问题对象形态；若问题得以解决，且取得了所要探讨的成果，则为创新客体的成果对象。

（三）创新手段

创新手段指的是所采用的设备、方法、途径和步骤，具体包含了诸如实验仪器设备、研究平台等的硬件条件，以及诸如价值观、团队意识、体制机制、政策等软件条件。结合主、客两种创新方式，应根据其目标而确定。

一些学者还从对创新活力或创新绩效的影响的角度，提出了创新态度、创新行为和创新结构三要素，具体包含了技术创新体系、知识创新体系、制度创新体系、科技中介服务体系和金融信息网络体系等。

二、创业的要素

（一）创业者

创业者是处于创业过程中心的个体或群体，他们是创业的主体，一般情况下，创业者是一个人创业。然而，在很多情况下，企业中的团队作用也很大，其成员所承担的职责也各不相同。创业者要承担个人金钱和名誉上的风险，参与到创业的活动当中，他们在创业的整个过程当中，发挥着至关重要的推动和引领的作用，具体内容有：对商业机会的识别，对企业组织的创立、融资、产品创新、资源获取和有效配置及运用、市场开拓等。企业的成败，主要依赖于企业本身的质量及团队的经历。与创意、机会资源相比，创业者及其创业团队在创业过程中所扮演的角色更为关键。创意是否能够变成机会，机会是否能够被实现，其价值与资源是否能够被高效地使用,均依赖于创业者及其创业团队的质量与经验。

（二）商业机会

所谓商机,就是指目前服务于市场的企业留下的市场缺口,由于目前所处的位置而造成的一种新的商机。生意就是企业家的机遇,而抓住机遇,才是创业者成功的最大动力。创业者就是抓住商机,把商机变成自己的价值。创业者一旦发现商机,然后尝试着去把创意或想法转变成具体产品。这个过程就是创业者为市场带来的一项创新,只要这个创新得到了市场的认可,创业者能够高效地实施,并从中获利,就能产生价值。

机遇具有三个特性:可获得性、持续性和应时性。机遇的可利用性,是指机遇对创业者所拥有的价值,创业者能够通过机遇为别人和自己谋求利益,具体表现为购买者、最终使用者和增加价值的产品、服务以及赚取利润。机遇的持续性,是指机遇是经常存在的,只看创业者是否能够找到,是否能够把握住。新的环境,新的经济结构,新的市场机制,新的信息不对称,新的市场空白,这些都为新的发展提供了巨大的机遇。机遇的应时性意味着机遇稍纵即逝,若不及时把握,很有可能与之擦肩而过,因此,及时发现、识别并把握好机遇,是创业者成功的首要因素。

（三）组织

组织是一个对创业活动进行协调的体系,它是创业的一个载体,创业活动发生在一个组织之内,如果没有了组织,那么就不会有任何的组织问题,因此,就不能进行协同,也不能对创业的资源进行整合,更不能发挥创业者的领导能力。创业者组织的突出特点是具有强大的企业家领导能力,缺少正规的结构和制度,虽然在很多方面还不够成熟,但这并不妨碍他们的成长,他们能够快速地接受新事物,并能快速地对改变作出响应,在这个过程中,他们能够不断地发展,不断地走向成熟。如今,人们从更广泛的角度来看待创业型组织,也就是以创业者为中心所建立起来的一种以他们为中心的联系网络,这个联系网络不但包含了正式创新企业内部的人员,还包含了诸如顾客、供应商和投资者等外部的人员和组织,这个延伸出来的组织理念对于确定和维持组织的组织形式、确定和维持其竞争地位具有更大的帮助。

4. 资源

所谓资源就是指在一个企业内部,由人力、财力和物力所构成的各类投入。资源既包含了有形资产,也包含了诸如品牌、专利、企业声誉等的无形资产,它们都是资本,而企业的一个重要功能就是将资本聚集起来,并把资本转换成市场需求的商品或服务,从而使企业获得更大的利润。在此基础上,对公司内部和外部的资源进行有效的整合。创业者创造的资源属于一个输入输出的体系,也就是输入资源和输出产品和服务,而创业的过程就是一个持续地对这些人进行投资,并持续地为他们提供产品和服务的过程。在创业早期,创业者所掌握的资源十分有限,因此,他们追求的是对资源的掌控,而非对资源的占有,他们更倾向于租赁资源,比如,寻找并合理地使用外部资源,包括律师、注册会计师、银行家、管理咨询专家、外部董事等,而不是自己拥有。借助外力,能够节约资金,加速公司的成长,但却是公司面临的最大难题。有些创业者总想把公司的全部资源都占为己有,这不但增加了创业的困难与费用,还使创业的成功率大大下降,以至于等到万事俱备,却已失去了最佳的创业机会。

创业过程是一个由创业者、机遇、组织、资源等要素相互作用和相互匹配而产生的一个动态过程。创业的目标就是创造价值,虽然创业者创业的个人动机各不相同,但他们的目标主要是创造价值,将商业机会转化为社会所需的产品和服务。从创业角度来看,创业机会、创业团队和创业资本是影响大学生创业成败的主要因素。创业动机的产生—创业机会的识别—有效资源的整合—新企业的创建—机会价值的实现—创业收益的获取。在创业的早期,对创业的动力进行了生成,并对创业的机遇进行了识别,这就是在创业的前期,在这个过程中,建立团队和寻求融资等环节,就是在这个过程当中,完成了机遇的实现,并获得了创业的回报,就是新企业的生存和成长。

　　在大学生创业过程中,首先要面临的问题就是如何防范创业风险,而这些风险的来源有五个,分别是:由于项目选择不当而产生的风险,由于缺少创业技术而产生的危险,由于资金来源过于单一而产生的危险,由于社会资源不足而导致的危险,因为不懂得运营和管理而引起的危险。

第 二 章

高校创新创业教育研究

在高等教育新常态下,高校也面临着新的发展问题,其中一个就是如何确定本校的特色定位。从理论角度出发,不管是哪种类型的大学,学校的定位都产生于社会系统,政府、社会和高校间存在的联系若有所变化则需要适当地作出调整;从实践角度出发,高校要想更好地实现办学定位目标,应将顺运行系统的内部逻辑,好好把握当下的发展机会,有效地处理可能遇到的问题和矛盾,摸索出有助于学校科学发展的模式。2015年5月13日,国务院办公厅出台《关于深化高等学校创新创业教育改革的实施意见》,对高校开展创新创业教育进行专项部署。因此,高校应紧随形势,更新发展理念,创新发展方式,更好地适应新的经济规范。

第一节　高校创新创业教育的宏观环境分析

随着经济全球化的发展,我们正在进入一个以知识创新和自主创业为特征、以人力资源为竞争中心、以人为本的知识经济时代。在这种经济背景下,创新创业已成为经济发展的主要动力和驱动器。"大众创业,万众创新"应成为中国经济进一步发展的动力之一。"大众创业,万众创新"的核心是人,这就需要将培养创新创业人才放在极其重要的位置上。党的十七大提出的国家发展战略聚焦"增强自主创新能力,建设创新型国家",提出在民生建设方面加强对就业观念的监督,鼓励创业,促进就业。党的十八大提出了改革经济体制、以创新促进经济发展的战略。建设创新型国家和发展经济的关键因素是培养创新创业人才。

高校一直都在为国家和社会的发展培养和提供高素质和创造性人才,培养适应时代发展的创新创业人才当然也就成为了高校必须肩负的责任。在党和国家政策的指导下,高校不断深化改革,积极开展创新创业教育,建立创新创业基地,逐步建立高校创新创业教育体系。

一、知识经济与高校创新创业教育

现代经济是全球经济一体化背景下的知识经济决策。知识经济的形成是技术与经济活动日益紧密结合的必然结果,是一种更加人性化的经济形式的体现。

（一）知识经济的概念

人类经济的发展可以分为以下几个阶段。

农业经济也被称作劳动经济,这表示对劳动力资源的占有和分配直接决定着经济的运行情况。在此阶段,人们借助原始技术进行农业生产和手工业,其中农业生产是主要的经济活动。

工业经济也被称作资源经济,意味着对自然资源的占有和分配直接决定着经济的运行情况。在此阶段,世界上的发达国家相继进行了工业革命,在科学技术领域出现了许多划时代的成果,极大地提高了社会生产效率。

知识经济是建立在知识运营作为经济增长手段的基础上的,知识产业是主导产业。知识经济已经成为人类社会一种新的充满活力的经济形式和经济增长手段。

知识经济是建立在知识基础上的经济,这是与传统经济(建立在物质基础上的经济)相对应的概念。传统经济一般包括工业经济和农业经济,在这两种经济的发展中,知识虽然是必备要素,但并未起到决定性作用,归根结底,还是由能源、原材料和劳动力等因素发挥着至关重要的作用,被称为是以物质为基础的经济。知识经济是人类知识,特别是科学技术知识积累到一定阶段,以及知识对经济运行的促进作用达到一定水平的历史产物。知识的生产和传播产生了翻天覆地的变化,直接导致了知识经济的出现。

(二)知识经济的特点

1983 年,美国加州大学的保罗·罗默教授提出了"新经济增长理论"。他认为,知识是一个重要的生产要素,可以增加投资回报。这一理论的提出标志着知识经济理论基础的初步形成。知识经济的主要特点如下所述。

第一,知识经济是在新科技革命的基础上产生的一种信息化经济。在过去的工业经济阶段,经济运行情况与资本、资源,硬件技术的数量、规模等有密切的联系,仅注重技术的进步、商品生产规模最大化;知识经济的产生和发展离不开知识或有效信息的生产、分配和使用,以产品的数字化、网络化和智能化为目标。

第二,知识经济是以高科技产业人才为重心的一种人才经济。目前,不同国家之间存在的竞争是综合国力的竞争,尤其是在高科技领域的竞争,归根结底就是人才的竞争。高科技企业的发展一定离不开高科技人才的努力,例如阿里巴巴、腾讯、百度等公司,都非常重视高科技人才的引进和培养。

第三，知识经济是十分重视创新性的经济。其创新并不是仅针对传统工业技术开展创新活动，而是利用高科技成果在新兴领域开展深入的创新活动，如信息科学技术、空间科学技术、新材料科学技术、海洋科学技术，促进环境保护的高新技术和管理软科学技术等高新技术产业。

第四，知识经济具有全球一体化特征。通过建立全球信息网络，并不断提升网络水平，不仅为全球信息资源实现共享提供了技术支持，而且还在为实现更加快捷和充分的信息资源共享探索新技术和平台。

（三）知识经济时代创业活动的功能

知识经济时代的创业在社会发展中起到了重要作用，发挥着扩大就业、鼓励创新、创造价值等功能，更是处理新型社会问题的关键所在。

1. 创业是科技创新的扩容器

知识经济能够对就业的方向和构成产生一定的影响，并不是就业问题的直接解决方式。新企业可以通过创造就业机会和提供社会服务来促进就业。在提供就业岗位方面，创业型中小企业起到了十分重要的作用。可以说，中小企业是提供就业机会的主要方式。大学生创业不仅帮助他们自己实现了就业，而且也帮助了其他人实现就业。鼓励全社会进行创业活动，能够在很大程度上解决庞大的就业问题，从而促进社会和谐。

2. 创业是科技创新的加速器

知识经济时代开展的创业活动重视先进技术成果的落地，由此涌现出了更多新产品或新服务，也产生了多样化的需求，使科研人员得到持续的创新动力，进而提高企业甚至整个国家的创新能力，为经济发展赋能。通过创业可以促进新理论、新知识、新技术等转化为真正的生产力。任何一家企业若要在如今的市场竞争中始终占有一席之地，必须利用先进的生产技术和科学技术。因此，创业可以极大地促进科技创新。

3. 创业是经济发展的原动力

如今，世界各大经济体都处于知识经济时代，无论是对于美国、英国等发达国家，还得对于中国等发展中国家，创业都是国民经济中充满活力的部分,是促进国家经济发展的不竭动力。"全球创业观察"(CEM)通过对各国创业状况的分析得出,国家开展创业活动的水平与国家的年经济涨幅呈正相关。也就是说,创业在国家的经济发展中起到了决定性的影响。

改革开放三十多年来,我国大力推行市场经济,发布有关政策积极支持个人创业投资。新兴中小企业已成为我国重要的经济增长点,在经济持续快速增长、城镇化和现代化建设中起到了不可替代的作用。

4.创业是社会进步的推动器

创业促进了社会经济体制的改革和继续深化,促进了市场多元化发展,改善了人民生活,提高了生活质量,增加了促进社会稳定与和谐的因素。创业有助于在整个社会环境中形成创新意识和创新精神的风气,促进社会文化和观念的进步。同时,创业让普通人有机会在社会和经济发展中有更强的参与感,促进社会建立充满创新、宽容、民主、公正、诚信等的环境。

(四)知识经济时代创业的关键因素

随着知识经济时代的到来,传统游行资产在竞争中的优势已不再显著,由知识跃居为竞争的重要资源。这就使得技术创新成为各企业开展创业活动的主要方向。在当下日新月异的发展的社会环境中,知识更新换代和清除速度远高于其他资产。因而,有敏锐的商业嗅觉的创业者应把握好"创新成果"转化为"商业价值"的发展时机。这是在不断变化的环境中实现可持续效益的唯一途径。知识经济时代创业的关键因素如下所述。

1.持续创新,拥有自主技术

在知识经济和全球化大背景下,信息、技术和人才是新创企业发展的关键因素,也是企业竞争的核心。若企业拥有技术和知识产权,有利于它们在市场竞争中占据优势。据有关组织统计表明,世界上大部分的研发收入和发明专利都被发达国家占有。依托科技优势和基于科技优势形成的国际规则,发达国家和跨国企业在相关方面形成了长期的垄断,从而获得了巨大的利润。2008年发生的金融危机,使全球经济发生了转型和资源调整,发展中国家的企业借助知识经济有了根本性的发展。

2. 技术引领市场,挖掘潜在需求

在知识经济的背景下,企业家需要充分利用拥有的知识优势开发新产品,深挖用户的"潜在需求",而不能满足于分割和扩大现有的市场。潜在需求的"需求"是由企业通过"技术领导力"挖掘出来的。例如,在苹果制造出 iPad 之前,市面上的绝大部分人都没有想象过"触摸屏电脑"这种东西,更不用说有使用和购买需求了。凭借其先进的技术和世界级的设计来跟踪用户需求,苹果推出了一款更便携、对用户更友好的全触控 iPad 电脑,迅速引发了强劲的需求。想要抓住潜在需求,需要创业者拥有良好的洞察力和强大的创新技能。从个人角度来看,能够探索潜在需求的创业者在初期阶段不会面对很多竞争者,有利于成为行业的开创者进而使创业取得成功;从整体的角度来看,利用潜在需求可以打开更大的市场,创造更多的就业机会,进而极大地促进社会经济发展。

3. 兼容并蓄,快速改革

在知识经济时代,知识具有两个主要特征:信息量大和更新换代快。一个创业者不可能掌握企业发展所需的所有知识。在全球化发展的大背景下,企业间的竞争日益激烈,单枪匹马进行创业是很难发展下去的,应采取兼容并蓄的原则,同其他企业开展广泛的知识合作。创业者必须保持乐观积极的心态,能够适应市场的不断变化,并且及时确定当下市场的需求,提升自身的技术和服务水平,才能在激烈的竞争中屹立不倒。

4. 全球化的胸襟与眼光

一个时代的影响力是非常巨大的,对于创业者来说,所处的全球化时代给他们带来了新的挑战——全球化的竞争。这意味着对创业者提出了更高的要求,他们应具备全球化的胸襟与眼光。主要从如下方面着手:第一,有参与全球化的勇气。创业者应清醒地认识到,机会面前人人平等,哪怕自己正处在创业的起步阶段,也应有参与全球化竞争的勇气,只有这样才能把握住全球化的发展机会。第二,形成全球布局思维。随着网络技术的普及和发展,其他国家的客户也有机会发展为企业的目标客户,同时,其他国家的资源也有可能成为创业资源。创业者以全球化思维出发,针对不同市场制订不同的策略,利用全球资源助力企业发展。

(五)知识经济时代的创业行为

知识经济时代的创业行为具有如下特点。

第一,知识处于关键地位,教育在其中也占据着关键性位置。知识经济的发展愈演愈烈,知识在经济发展中发挥的主导型也令知识的生产和传播成为创业中的重要环节。教育机构改变了过去培养工厂员工的模式,而转向培养知识创造者和知识的商业用户。知识生产在一个国家的经济发展中所占的比重越大,该国的高校数量就越多、密度越大,高校需要进行的科研项目也就要求越高;依赖知识生产的国家越多,高校的密度就越高,对高校研究的需求就越大;研究型高校越集中,国家的智力优势就越明显:培训和选拔机制越多,公司的知识创造和转化技能就越强,附加值和竞争优势就越大。

第二,企业家的一项重要技能是他们评估和转化知识的能力。在知识经济时代,公司是知识的转化器。什么样的知识可以转化,在哪里转化是企业必须解决的主要问题。企业家面临的主要挑战将是从组织生产和市场研究转向理解知识并确定其价值。企业家的重要工作也将从整合资源转向重新思考知识的价值。企业家的一个重要能力是理解和评估知识的重要性,以及组织转化知识的能力。

第三,风险投资已经成为一个重要的支持环境。在企业活动中,知识是最重要的资源,企业家最依赖的资源不再是资本,而是知识,知识被置于相对次要的地位。资本和知识的结合不再是智力的主动性,而是资本的主动性。资本不是通过贷款进入公司的,而是通过股票进入公司的。一方面,知识不能作为银行贷款的抵押品,因此不可能依赖银行的金融系统进行融资。然而,企业家除了缺乏知识外,还缺乏资金。另一方面,企业家除了掌握知识外,往往缺乏管理经验,需要用管理技能来补充。

第四,创业管理活动呈专业化趋势。进行传统的创业往往需要创业者各方面都比较优秀,而在知识经济时代,创业者往往要借助外部的因素(如管理技能)来完善自身能力一般的方面。随着企业的不断发展,处在不同阶段需要的管理方式和注重的方面并不同，传统的商业活动要求企业家不断改变他们的管理方法；在知识经济时代，创业精神的成长面临许多障碍。这种高风险来源与缺乏管理技能有关，通常由专业管理团队解决。公司的活动是复杂的，不是由个人素质决定的。因此，在知识经济时代，创业管理是一种形成职业的专业活动。

第五，互联网规律从根本上影响了创业精神。网络规律是一种基于网络外部性质的经济规律。网络效应是用户数量的增加使当前用户受益，并使子孙后代看到越来越多的好处。QQ和微信已经成为网民生活和工作的重要工具。这是因为在线交流给人们带来了便利，而且随着参与者数量的增加，它带来的舒适感也在增加。

（六）知识经济时代赋予创业的重要意义

20世纪的经济发展经历了由工业经济过渡到知识经济的阶段。在知识经济时代，知识是一种创业资本，技术和人才都受到了前所未有的关注。

工业经济时代的人们无法预料到20世纪末会有像比尔·盖茨、马云这样的创业奇迹。这些年轻的创业者依靠自己的创新能力、冒险精神，尽情地发挥自己的才能，通过几年时间的努力开创了一个新的领域，不仅获得了高额的回报，还为人类文明的发展作出了贡献。

知识经济时代是属于创业的时代。过去的产业发展模式不断被突破，创造和创新正在获得越来越多的认可。美国的硅谷在知识界、科技界和企业界这些领域都产生了根本性的变革，让人们非常直观地意识到知识潜在的巨大财富价值，科技也有着十分强大的影响力，能够使产业发生翻天覆地的变化。这当然激励了无数中国人，为了追赶世界先进水平、振兴国家，他们开始走上创业之路。

近年来，我国的互联网、电子商务和风险投资等领域发展迅速，涌现了一大批成功的创业者和高科技企业。我们可以在不同的平台上了解到这些创业者的创业经历，他们散发的个人魅力和奋斗精神感染和激励着无数人。在"科教兴国"战略下，国民经济的发展离不开高科技产业的繁荣。高科技企业的创立和发展在高科技产业中占据着主导地位。在这种社会氛围的影响下，创业不是仅属于个人的行为，同时受到社会高度认可的有价值的行为。

二、社会主义市场经济与高校创新创业教育

（一）市场经济及其特点

1992 年 10 月，我国建立了社会主义市场经济体制。随着社会主义市场经济体制的不断发展和完善，我国已经形成了以公有制为主体、多种所有制共同发展的基本经济制度，建立了收入分配制度，劳动力分配是平衡有效和公平收入分配的基本要素，建立健全了统一、开放、竞争、有序的现代市场体系，建立了适应市场经济要求的现代商业体系。同时，不断完善政府职能体系，合理利用政府在经济调节、市场调节、公共服务和社会管理等方面的职能，不断提高党和政府管理社会主义市场经济的能力。

社会主义市场经济体制具有以下特点。

（1）经济关系市场化，市场直接影响了资源配置。市场体制的运行能够使生产要素流动起来，有助于优化资源配置，市场关系对经济有直接或间接的影响。

（2）企业行为主体化。在这一体制下，企业能充分行使进行生产、经营活动的权力。

（3）宏观调控间接化。政府部门不直接管理企业的生产和经营活动，而是制定财政政策和货币政策加以规范。

（4）市场管理法治化。企业必须按照法律法规的规定进行生产、经营活动，有完善的法律法规护航，经济才得以健康地运行下去。

随着社会主义市场经济的逐步建立，对人才的需求也发生了变化。在全国人才管理大会上，中共中央、国务院提出从"人才培养战略"的角度树立科学的人才观，明确人才新标准。我们必须从强调人才的外部地位转变为强调人才的内在性质。这意味着社会主义市场经济需要个性、创新意识、工作能力和生产力相结合的人。未来，如果你有一定的知识或技能从事创造性工作，并为国家的现代化作出积极贡献，任何人都可以成为有用的人才。

（二）中国特色社会主义市场经济发展对人才的需求

中国特色社会主义事业是在改革开放的发展过程中日趋完善的。社会主义对人才的需求包括以下方面。

第一，信仰马克思主义和中国特色社会主义，对中国特色社会主义的理论、制度、道路和文化有坚定的信息。中国特色社会主义市场经济下，人才必须树立共产主义信念，不能具有资产阶级的不良思想。培养正确的思想、价值观念，清除掉落后的思想观念。

第二，了解国情，能够基于国情发展社会主义市场经济。为了建设中国特色社会主义，一定要充分了解我国发展中存在的问题，才能够使社会主义事业更上一层楼。

第三，具备专业技能，为社会主义事业服务。中国特色社会主义市场经济下，所需要的人才至少精通一项技能，才能在社会主义事业的发展中贡献一份力量。

（三）市场经济呼唤创业教育

随着我国经济体制改革的持续推进，社会主义市场经济产生了新的发展需求，创业教育应运而生。经济结构的调整与经济成分的多样化，使创业教育有更多的发展方向。

经济体制的革新、经济结构的调整、经济成分的多元化，直接导致了社会生产力得到极大的解放，也使得社会劳动力结构发生了改变。由国家统一分配就业岗位的制度早就一去不复返，各大企业引进先进生产设备、科学技术极大地提高了自动化程度，再加上企业调整产业结构，不仅造成职工结构发生变化、基层劳动力需求减少，而且对高素质劳动力的需求明显提升。

在上述背景下，大学生如何在日益激烈的就业竞争中发挥自身的优势，是一个十分现实和严峻的问题。大学生应及时了解现在社会发展的状况，树立与时俱进的观念。这是事物发展的正常规律，身为社会中的个体，必须要学会积极地适应新的社会需求，摸索出适合的方法提高自己的专业能力。

随着技术的快速发展、设备的现代化和技术老化周期的缩短，工人将不可避免地进入"就业—失业—再就业"的轨道中。过去那种一个人一辈子都在一个岗位上工作的现象已经消失,每个人的职业生涯中都难免会换几次工作。对产业结构进行持续优化、劳动力的调整,这都会对市场经济产生不同方面的影响。在这一背景下,产生了进行创业教育的需求,来增加就业岗位。

美国经济专家拉希来·马尤尔在研究和分析世界经济形势时提出了以下立场:达到高经济价值的产业由过去的制造业变成了服务业,社会和经济的发展趋势表现出小型化、分散化。在我国深化企业改革的进程中,国家颁布了"抓大放小"政策,这有助于小型企业的建立与发展。虽然这些企业的规模远小于其他知名企业,但是它们的存在解决了我国大部分的劳动力就业问题。扶持小型企业,打造一支极富创业精神和较强创业能力的创业者队伍,不仅可以在很大程度上推动经济发展,而且能够合理配置社会劳动力。想要成立这样的队伍当然就需要进行创业教育,这正是高校设置创业课程的根源。

(四)随着市场经济发展高等学校学生工作的创新发展

从社会主义市场经济对人才的基本要求和社会主义事业对人才的特殊要求来看,高校要培养有能力、有政治素养的人才。只有德才兼备,才能推进社会主义市场经济建设和社会主义事业。大学必须面对严峻的国家需求和国际学术趋势。

今后,在实践学生工作时,应注重培养学生的道德素质和才能。可以从以下几方面着手。

第一,确立培养具有道德和专业技能的学生的目标。培养学生的智力、道德、价值观和专业技能是学生工作的主要目标,有明确的目标来引导学生在工作中顺利进步。

第二,组建高水平、务实的学生工作小组。辅导员在大学生的大学生活中占有举足轻重的地位,辅导员自身水平的高低也会影响大学生的成长。如果他们的专业素质强、社会主义信念坚定,就可以更好地给大学生起到榜样的作用,使大学生能够受到社会主义信念的深刻影响,树立为社会主义现代化建设服务的目标。

第三,对学生工作的要求和方式方法加以创新,加大对学生开展思想道德教育的流动,致力于提升大学生的专业理论和实践技能。中国古代伟大的思想家王阳明主张知行合一，马克思主义者也强调实践的重要性。培养德才兼备的人才仍需纳入学生工作的具体内容。在学生工作中，思想道德建设应以宣传为重点，组织一系列宣传讲座，纠正思想存在问题的学生。加强专业实践技能培训，在具体实践活动中举办多次小组活动，提升学生的集体意识和工作经验。

第四，制定评估机制和标准，包括道德和人力资源标准。学校作业的效果如何？培养优秀学生的目标实现了吗？所有这些都需要一个科学、系统的评价体系。一个科学、系统的评价体系必须可靠、有效，客观、可靠地反映学生的工作效率。学生评价体系应注意体系内道德与职业资格的关系。这是研究学生全面发展的前提，也是培养德才兼备人才的前提。

三、全球化与高校创新创业教育

21 世纪，全球化进程已经扩大到了世界各国，影响着各国的经济发展、社会进步、人民生活。全球化的发展使世界经济发生了翻天覆地的变化，国界的限制被冲破、全球资源的共享、网络技术的普及都使得企业只有走出国门、加强与世界各国的联系，才能获得长期的稳定发展。全球化的影响力正逐渐从经济领域进入社会、文化、政治等领域，高校创新创业教育也遇到了机遇与挑战，高校应努力探索有效的教育教学模式开展创新创业教育。

（一）全球化及其特点

第一个提出全球化概念的人是西奥多·拉维斯。"全球化"一词最早出现在拉维特的论文《市场全球化》中，该论文最初主要指经济全球化。西方学者普遍认为，开放国际贸易和市场是全球化的开端。随后，全球化的概念逐渐扩展到政治、文化和社会领域，并在经济学和政治学领域得到广泛传播。

自 20 世纪 90 年代全球化成为全球关注的焦点以来，学术界也在不同学科中对全球化进行了广泛而多样的研究，取得了丰硕的成果。在全球化研究领域，学术界对如何定义全球化或经济全球化存在分歧和意见，尤其是对不同版本的全球化性质的解释。目前很难找到一个相对统一和标准化的全球化定义。

例如,一些学者认为一体化是全球化的本质;一些学者从社会发展的角度解释全球化;一些学者从哲学角度认为,全球化是世界各国之间的普遍联系;学者们也从制度的角度解释全球化。学术界对全球化和经济全球化有不同的解释。事实证明,全球化具有高度的包容性和可扩展性,其内容和本质可以从不同的角度来解释。这意味着全球化可以从时间和空间、静态和动态、主体性和客观性、基本内容和表达方式等方面进行解释和分析。因此,全球化可以被视为一个多方面、动态和系统的领域,涉及多个领域。简言之,全球化是世界不同地区动态运动和互动发展的过程。

全球化是现代西方工业革命的产物。更确切地说,全球化的进程几乎与创造和扩大资本主义世界市场的整个进程同步。因此,全球化是一个不断演变和深化的历史进程。

从空间角度来看,全球化具有广泛的包容性和渗透性,目前,它的范围已经扩大到了世界上的各个国家和地区。不论作为发达国家还是发展中国家,或是社会主义国家和资本主义国家,它们都在不同程度上被全球化浪潮席卷。

从内容角度来看,全球化涉及经济、政治、文化、技术、军事、意识形态甚至生态环境等多个领域。其中,经济全球化是全球化最明显的表现形式。随着经济全球化的发展,出现了政治全球化、文化全球化和技术全球化。

从形式角度来看,全球化在经济领域的区域经济一体化等不同领域表现不同。

从静态角度来看,全球化首先是一种具有全球联系的社会现象,反映了世界各国的相互依存性和渗透性。毫无疑问,世界各国之间的联系正变得越来越密切。

从动态角度来看,全球化是一个动词,是一个客观的历史发展过程,不是基于人类的主观意愿,而是基于改善世界不同地区连通性的各种方式,不断影响内外部环境、社会制度和发展模式。甚至是连接世界各国的文化和意识形态。简而言之,全球化不是一种暂时的状态,而是一个不断变化和发展的客观历史过程。

全球化在世界各国不断推进,在世界发展的各领域各环节以及人们生活、生产、工作、学习等领域都存在全球化。全球化不仅极大地改变了人类的生产方式、生活方式和思维方式,也正在深刻地改变着全球政治与经济秩序。从当今世界的全球化发展来看,全球化具有以下特点。

第一,经济全球化迅猛发展,为世界经济提高提供了强劲动力。当前的经济全球化主要具有以下特征。

(1)生产全球化。一方面,第三次科技革命和产业革命,使国际分工进一步发展,国际分工和合作日益密切,建立起了世界性的生产网络。在此基础上出现了以跨国公司作为主导力量、利用区位优势得以发展的跨国、跨区域经济活动。另一方面,生产要素在全球范围内配置。当今时代,资本、技术、信息等生产要素在世界范围内的流通更加频繁和广泛。

(2)贸易全球化。贸易全球化涉及的面非常广泛,包括各国之间的货物、服务以及贸易相关要素的所有交换活动。在参与主体方面,有雄厚实力的跨国公司在全球贸易中占据着十分重要的地位;在交易范围方面,它不仅涵盖了商品贸易,还涵盖了劳务贸易、技术贸易和服务贸易;在贸易规模方面,国际货物和服务贸易总量不断增长。

(3)金融全球化。随着生产全球化和贸易全球化的深入发展,世界各国陆续开放了本国金融市场,支持符合要求的金融机构跨国经营,逐步建立起全球金融市场。

(4)经济治理结构全球化。一方面,世界贸易组织(WTO)、世界银行(WB)和国际货币基金组织(IFM)这三个世界性的机构是全球经济治理的主要负责者;另一方面,区域性经济治理效果显著,全球涌现了大量区域经济一体化组织,发展势头强劲。

第二,科技全球化趋势已经无法逆转。科技全球化是全球化进程中的重要部分。科技全球化实际上是人类科技活动的全球化,具体为各国政府、跨国公司、有关组织及个人在科技方面的竞争、合作以及互惠互利、协调发展的倾向和过程。当前的科技全球化主要具有以下特征。

(1)高科技人才流动的全球化。如今,世界上国家间的竞争主要表现在高科技领域,为此各国都十分重视高科技人才的培养和储备,也颁布了不同政策来吸收他国的高科技人才,科技人才的流动越来越受到重视。科技人才在就业选择上打破了国界和地区的限制,可以根据自己的意愿到具有科研实力、科研前景的国家发挥科研才能。

(2)科学研究与发展(R&D)资源配置的全球化。对世界各国企业的生产要素和研发条件进行重组和优化配置,能使研发成本大幅降低。

不少大型跨国公司开始致力于建设全球共享的企业科学研究与发展网络。

（3）科技合作与科技转移利用的全球化。对于企业发展来说，资金、技术和人才都是重要因素。为了掌握核心技术、留住高素质的技术人员、降低研发成本，企业发现它们在技术优势和规模上是相辅相成的，在科技研发领域的大力合作已成为常态。与此同时，科学技术的使用和发展正在逐渐全球化。

（4）科技成果应用、分享的全球化。在以后的发展中，会持续出现新的科技知识、科技成果得到传播和应用。当然，由于西方国家对世界上大多数研究活动和主要研究技术的控制和垄断，在短期内在世界各地传播科学技术成果仍然较难成形。

第三，文化全球化已初现规模。随着全球化的有序发展，也逐渐产生了文化全球化。同全球化的类似之处在于，能够由主观和客观两个角度分析文化全球化的发展。具体来看，文化全球化是世界文化发展的必然趋势，是客观的事实，充满了人的主观视角。客观地说，文化全球化是在经济全球化和文化民族化的基础上发展起来的，是辩证统一的。一方面，文化全球化是民族文化发展的前提。在全球化的具体进程中，不同民族间可以开展多种形式的交流来实现相互学习，在坚持民族特色和本质的同时，充实和发展本民族文化；另一方面，民族文化逐渐肯定和吸收"世界文化"中的一些共同价值观念。通过接触和交流、渗透与互动甚至是碰撞与冲突，不同的民族文化克服地理差异、社会构成差异等因素的限制，更加积极地向全世界传播本民族特有的文化资源。从而使各民族在价值观和行为准则上有了更多的相似之处，进而建立起一些"共同规则"。文化全球化不代表各民族的特色文化消失了，而是去除掉了民族文化中的狭隘性，使各民族文化的特殊性和世界文化的普遍性共存。需要强调的一点是，在经济全球化和文化全球化的发展中，一些西方国家还存在其他战略企图，他们有进一步扩大国家势力范围、追求本国利益最大化的思想，在文化全球化的旗帜下进行意识形态鲜明的文化殖民。应对这种行为提起高度警惕，进行坚决抵制。

第四，经济全球化与政治多极化相互作用、共存。经济全球化作为全球经济发展的一种趋势，对世界产生了极其深远的影响，同样也影响着世界政治格局。美国学者福山提出了"历史终结论"，偏激地认为经济全球化会导致政治全球化，进而导致"政治一体化"，甚至出现"政治一极化""意识形态趋同""意识形态终结"等。这些荒谬的言论与经济全球化是相悖的,只是为了达到某些西方国家的政治企图,完全脱离了当今世界政治格局的现状,不符合全球化的客观规律,更是背离了和平与发展的主体。世界发展表明,政治多极化无疑是当前世界政治格局发展的客观趋势。经济全球化对世界政治格局导向单极化和多极化的双重功效,起主导作用的是促进世界政治格局的多极化。政治多极化趋势促进各"极"间多进行合作,通过各国共同努力,建立公正合理的国际经济政治新秩序。

(二)全球化对人才的需求

全球化背景下,人才已成为提升国家国际竞争力的关键因素,具体体现在人才数量和人才质量方面。因此,基于当前形势确立正确的人才培养目标,有利于人才的全面发展。全球化对人才培养提出了新的、更高的要求。

第一,具备世界眼光、国际视野和全球胸襟,同时拥有极强的民族认同感、归属感和自豪感,在同其他国家合作和交流的过程中,自尊自信,不卑不亢,既不崇洋媚外,也不盲目排外。在处理国际关系时坚持落实和平共处五项原则,坚定维护国家尊严和核心利益,占据国家发展的主动权。

第二,具备对世界前沿科技发展态势的科学判断力与较强的学习力,熟练掌握与国际接轨的工作标准、管理标准、家属标准。具备很高的跨文化沟通能力,熟练掌握并运用一门甚至多门外语,在此基础上学习外国特别是工作意向国的文化观念、风俗习惯等。

第三,具备应对复杂多变的国际形势的举一反三、触类旁通的学习迁移能力和敏锐的洞察力。具备独立思考和解决问题的能力,对全球热点问题进行追踪与观察,结合多方面现象分析问题,由表及里、由此及彼,探索事物的本来面目。

第四,具备开放、包容的心态和较高的创新能力,积极学习、掌握不同方面的知识,善于倾听、拓展思维、取长补短,做到善于学习、终身学习,不断更新专业知识、理论和方法,并做到学以致用。

第五,具备较强的组织协调能力和团队合作精神,具有适应环境、融入社会的社交能力,能够处理好人际关系,与他人开展合作交流,充分发挥合作对象的作用和协调能力。

（三）全球化与创新创业的关系

把握好全球化与创新创业两者间的关系，有助于高校顺利地开展创新创业教育。

1. 全球化与创新创业的统一性

全球化进程使过去不同国家间的关系产生了极其复杂的变化，将它们紧密地联系在一起，通过促进经济、文化、教育等的发展，促进了各国文化的发展。当今世界经济贸易往来越加频繁，推动了科技与文化的积极融合，在借鉴的过程中都有所创新。在全球化这一背景下，创新创业者有机会拥有大量的资源，接触更广泛的客户群，引进先进、成熟的技术。显而易见的是，创新创业良好的发展态势也推动了全球化的脚步，各国间的经济贸易和文化交流也更加频繁。

2. 全球化与创新创业的对立性

全球化对本土文化的发展具有两面性，在各国对外开放程度提高的同时，各国本土技术文化既面临着机遇，也面临着挑战，其独特内涵和创新性都受到了限制。对于创新创业者来说，他们面临的挑战是市场趋同，而且资本融资能够成功地占领以前的技术创新成果。因此，在全球化背景下，创新型企业家应该关注如何更好地应对当前形势，保护创新技术的专利。

（四）全球化视野下高校创新创业教育的困境

全球化与创新创业二者呈统一、对立的关系。高校创新创业教育应基于二者的特点开展，具体来说是不能忽视全球化的视野和对各方面造成的影响。目前，高校开展创新创业教育面临着许多困难，主要体现在如下几方面。

1. 创新创业教育模式受限于各个高校自身的发展

通过对高校创新创业教育的理论和发展状况进行研究，总结出了这样一种现象——常用的创新创业教育模式都是为了处理自身高校或单个高校面对的情况,具体来说,各高校对如何改变创新创业教育的落后观念、如何提高教师创新创业教育水平、如何促进创新创业与专业教育的融合等,都有适用于本校的模式。

一些高校建设了配套的创业实训基地,一些高校的课程设置得十分合理,大部分高校在创新创业教育方面较少与其他高校进行合作,使得对创新创业人才没有一定的条件进行比较。在国家相关政策的引导下,创新创业人才只是有基本的教学要素,具体的能力各有不同。

2. 创新创业教育局限于中小企业经济发展视野

我国已进入真正意义上的转型发展阶段,经济"新常态"不断深化,对中小企业的发展也造成了很大影响。许多高校的人才培养目标是培养中小企业需要的更多更好的人才,这种只针对中小型企业的定位存在一定的欠缺。中小企业要在当前形势下获得长久的发展,就必须跟上全球化的步伐,学习国际上的先进技术,提升技术创新能力,不断扩大生存空间。因此,高校创新创业教育在重视中小企业经济发展的同时,还应重视培养全球化思维。

3. 创新创业教育没有建立长效机制

我国的创新创业教育多是在高校开展,中小学没有这方面的课程;社会上较少进行此方面的教育,并且多进行再就业培训。高校自然而然地承担起开展创新创业教育的重任,部分高校的创新创业教育都是只注重创新创业理论知识的教学体系和实训基地建设,并没有建立高校毕业生就业的长效机制,造成创新创业教育缺乏持续改进能力,效果大大降低。

4. 创新创业教育缺少文化引领

文化是国家发展、民族振兴的重要支撑。全球化视野下,文化的特色呈现出了模糊化,创新能力在退化。而文化在思想道德建设中发挥着正向引领作用,有助于培养人的高层次精神和素养,因此,应坚定不移地遵循国家文化的引领,提高广大人民的科学文化素质,为创新发展增添动力。高校创新创业教育是适应国家发展战略需要所产生的一种教学模式,也应在教育过程中加强文化的引领作用,但是现在的教育过程中在此方面的努力仍不够，并没有制订出具体可用的措施，这在很大程度上限制了高校创新创业教育内涵的发展，也不利于对大学生创新创业精神的培养。

5. 创新创业教育成果趋向同质化、低端化

高校创新创业教育的成果主要集中在课程建设、师资队伍建设、技术成果转化等方面。通过对高校创新创业教育成果进行调查发现，其成效并不显著，有同质化、低端化倾向。例如，课程内容一般包括职业生涯规划与就业创业指导两部分；师资队伍主要包括辅导员、就业中心、专职教师等。全球化视野下，进行这种创新创业教育与国家经济社会发展需要脱节，难以满足经济社会发展对创新人才的需求。

（五）应对全球化高等学校学生工作的创新发展

全球化日益使地球成为"地球村"，其成员必须适应了自己的角色和定位。对高校来说，全球化的影响主要来自其工作中的更多样的思想和概念，更广泛的校际交流，更多样的大学生工作主题，以及更科学的、更全面的大学生工作目标。从学生工作的角度来看的，应对全球化的影响和挑战需要在四个方面进行了创新：概念、范围、主题和目标。

为了应对全球化的发展趋势，有必要设计一个新的视角来看待大学生的工作。这个时代学生工作的传统观念经历了演变和创新，但由于其范围和地域的限制，工作的类型和方法有一定的局限性。在全球化时代，学生工作在概念范围和地理范围上都有了很大的扩展，需要发展一种新的大学生工作概念来适应全球化的趋势。尤其是要树立以学生为本的工作理念。尊重个人，我们必须理解全球化对人才的具体需求。在此基础上，我们必须为这些技能创建相应的学生作业。我们必须制定一种突出主体、挖掘潜力、激发创造力的工作方法。学生工作的主要部分是具有主观能动性的学生，他们能够创新自己和对象。在学生的工作过程中，重要的是要强调他们的主体地位，激发他们的潜力，鼓励他们勇敢地完成工作中的各项任务。我们必须建立一个反映互动、层次和整合的工作体系。学生工作系统不应该是一个单一的、单向的或分散的系统，而是一个反映学生工作的互动性、层次性和集成性的综合功能系统。

为了应对全球化趋势,有必要加强与国内外大学的联系。在传统时代,由于当时国际环境和国内政治的限制,中国的大学生主要是到社会主义国家留学。自改革开放以来,再加上国际环境的一系列调整,中国已经在经济、社会、文化等多方面和世界上的许多国家和地区建立了良好的合作,各方面也受到了发达国家的影响,高校学生工作方面也是如此。负责高校学生管理工作的教师也应致力于研究向发达国家学习相关的管理经验。国外大学历史悠久,其学生工作经验值得借鉴。他们培养学生思想道德价值观、提供就业咨询、培养学生心理素质的模式值得学习。然而,在国外工作的学生面临着许多问题。如何在中国大学生中避免这些问题,取决于他们对新时代工作的责任。除了国外,我国的香港、澳门和台湾等地区通过早期学习西方经验,瞄准亚洲的大学,使大学生的工作更加具体,走上了自己的发展道路,特别值得学习。借鉴其他国家和地区的经验,积极发展大学之间的合作,形成良好的资助体系。

为了应对全球化趋势,学生群体必须采取不同的工作方法和内容。全球化的影响从一开始就导致了主题的多样性。学校不再只是来自一个国家的学生,而是可以有许多来自不同国家的外国学生。关注来自不同国家的学生之间的差异并实现个人差异是很重要的。即使是来自同一个国家的学生,他们的个人观点也受到不同全球概念的影响,每个人的世界观和价值体系也不同。如何运用社会主义核心价值观对学生进行理性的引导和教育,是当代学生和工作者面临的重要问题。

为了应对全球化的趋势,有必要为大学生的工作设定新的目标。大学生工作的传统目标首先是为国家培养全面有用的人才。在传统时代,这一目标是可行的,但在全球化时代,这似乎相对狭窄,学生工作概念的内容和范围必须进一步扩大。从学生工作目标来看,除了促进学生全面发展的主要目标外,还需要让学生在学生工作领域做好适应全球化趋势的准备。使学生成为具有全球视野和广阔视野的高素质人才,不限于特定地区和国家。

第二节 高校创新创业教育的意义与价值

一、创新创业活动的时代意义

如今,经济发展速度不断加快了,在这样的时代背景下,创新创业无疑成了时代主题,尤其是互联网经济的快速发展以及各类商业模式与理念的不断涌现,使得创新创业成了经济发展的重要动力。

(一)我国经济结构转型的推动力量

有效企业数量的逐渐增加,导致了中小企业数量的增加,进而影响到了中小型企业发展的转型升级,即其转变为大中型企业的数量也随之上涨了。现在的社会需求往往具有多样性和特殊性的特征,而不断增长的创新创业能够使这一需求得到满足,同时,随着创新创业的增多,产业分工得到了进一步的深化,经济衰退也得到了有效的缓解,与垄断相关的各种弊端也得以消除了。

在推动经济发展与建设的基础上,创新创业还会对经济结构和社会的运行模式产生了一定的影响,可以促使其趋向合理化且得到进一步的提高。

作为经济机体的生长机制之一,创业活动能够借助新的微观细胞的生长和发展为相应的宏观系统的结构演变奠定坚实的基础。在该活动的引领和带动下,各个中小企业可以对经济和社会机体的代谢产生一定的影响,使其处于充分竞争的适宜的环境下,这不仅有利于垄断性弊端及停滞趋势的克服,而且可以为各项问题的解决打下良好基础。这些问题包括收入差距过大、小微企业融资困难等。

(二)推动就业和社会发展的有效手段

对于世界上的发达国家而言,增加企业优势作为实现充分就业的重要渠道之一,在社会发展和经济建设中发挥着不小的作用。对相关研究进行分析可以发现,平均每位创业者带动的就业人数为28人。现在,受到经济结构转型的影响,原来的就业岗位已经难以适应经济和社会发展的需求,在这种情况下,必须推动创业活动的开展,以此来促使企业的就业容量进一步扩大,使得新岗位不断增加,提高就业的结构水平,推动社会发展。

从20世纪末期开始,我国高等教育的发展速度不断加快,规模也随之扩大,由此逐渐步入了高等教育大众化的发展阶段。如今,高等教育在校人数仍在不断增长,入学率也在逐年增加。同时,城镇待就业的劳动力以及农村转移的劳动力的规模是十分庞大的,再加上不断增加的毕业生人数,使我国的就业面临巨大的压力。每年的毕业季,都可以看到大批焦急地寻找工作的人。曾经的天之骄子,就这样被烤成了"天之焦子"。所以说,在我国未来的经济发展中,就业将成为一大难题,尽管我国的经济发展态势良好,且中小型企业可以提供大部分的岗位,但是实际的就业需求依然不能得到满足。为实现政府提出的就业方面的目标,推动创业、增加企业数量将会是一个较好的措施和途径。这是因为在增加个人收入、创造就业机会方面,新企业发挥着不可替代的作用。

二、创新创业成就大学生的美好人生

对大学生来说,创新创业不仅有助于实现他们的人生理想和个人价值观,而且可以促使其得到全面的发展,可以说意义非同一般。

(一)充分发挥自身才能

现在的大学生不仅拥有较强的学习能力和专业素质以及开阔的视野,而且具有独特的创新创造精神以及活跃的思维,这些优秀的品格和能力都为其开展创新创业活动奠定了基础。然而,在我国,大学教育依然偏重于应试教育,单纯地重视知识与科技素养而忽视实践能力与人文素养的发展,这些问题严重阻碍了大学生创新创业能力的培养与发展,使得其社会适应能力较低,难以实现知识向生产力的快速转化。在这种情况下,创新创业教育被正式提出且受到了极大的关注,我国开始重视大学生的事业心和开创能力的培养与开发,使其摆脱以往的工作羁绊,进而促使其才华与潜能得到充分发挥。

(二)为自身积累财富

一般而言,白领以及普通工薪阶层只能获取有限的工资。为了有效地避免金钱的钳制,大学生必然要开创一份事业,通过这份独属于自己的事业,创业的大学生可以获得更高的利润。根据调查可以发现,第一代创业者的数量占据了福布斯富人排行榜前400名中的一半以上。

(三)实现自身对"权力"的欲望

对于大学生而言,走上创业道路就意味着你可以成为自己人生的支配者,自由地掌控自己的未来,在摆脱他人约束的同时也可以更加自由地开展一系列活动,充分展现自己的人生价值,让生命更有意义。

(四)充分享受创业的过程

在我国,大学生创新创业其实是十分普遍的,每一年高校都会诞生一些"创业英雄",比如说被称为上海大学生创业第一人的傅章强。这些创业高手的成功经历极大地鼓舞了全国各地的大学生,促使其积极地投身到创新创业中。大学生要主动抓住机会,推动自身发展。

第三节　高校创新创业人才培养的对策研究

随着社会的发展,各行各业对创新创业人才培养也有了新的诉求,这就需要高校、政府、社会和企业必须保持稳定且密切的合作,一起解决创新创业教育的改革和现实问题,引导学生逐步建立满足社会发展要求的创新型人才成长目标,强调思想政治教育在高校创新创业教育中的价值导向地位,促进大学创新创业中的实践学习、合作学习和研究,采取一系列对策来提升高校创新创业人才培养的针对性和有效性。

我国高校的创新创业教育仍处于发展的早期阶段,许多高校都在不停地探索适合自身的发展方式,并且已经初具成效。高校创新创业教育是一项系统工程,需要长期努力和进一步研究。

一、全员树立创新创业教育新理念

教育理念是人们关于教育的理性认识以及在教育实践中逐步形成的价值取向与理想追求,具有明确的指导作用、相对稳定、有较强的传承性。创新创业教育是如今高等教育中的前沿教育理念,不仅包含更加多元的教育内容,而且倾向于培养学生的实践技能,使教育具有创新性。过去的实践表明,教育必须按照新的教育理念进行改革和发展。高校培养创新创业人才是推进中国特色社会主义建设和发展的必要前提。在中国经济发展模式转变、产业结构调整、高新技术企业建设、现代服务业发展、创新型国家建设的新形势下,高等教育改革必须更新教育理念,转变教育观念,探索新的教育模式。

(一)转变教育理念

理念在一定程度上影响着行动,缺乏科学正确的教育理念,不仅会阻碍创新创业教育各方面的正常开展,也会使创新创业教育达不到预期。目前来看,我国不少高校存在着这种现象,对创新创业教育的投入与产出相差较大,虽然在环境和资源等方面的投入较多,但创新创业教育绩效结果较差。究其原因,由于对高校创新创业教育的客观认识不完善,迫切需要转变创新创业教育理念,坚持创新创业相结合的教育理念。避免只强调"创业"而忽视"创新"。

高校应该树立致力于培养创新创业意识、精神和能力的创新创业教育理念,并在高等教育教学改革与发展的各阶段真正地执行该理念,在人才培养、学科建设、科学研究和社会服务中完全融入创新创业教育,重视创新创业意识和精神的培养,借助创新创业实践活动达到提高实践技能的目标,在人才培养体系中加入创新精神、专业知识、创业技能、创业人格等创业素质培养。合理利用校园资源,引入的社会资源,完善创新创业课程,拓展了创新创业教育领域,积极开展了创新创业实践活动,建立了"领导负责 + 专业教育 + 创新创业教育 + 全体学生"的人才培养模式。由过去仅侧重理论知识教育和就业教育发展为致力于提高大学生综合素质的创新创业教育,提高创新创业素质教育和创业型人才培养目标的重要地位。我们需要在大学内部树立"以人为本"的教育理念,加强教育管理和学习单位对教育教学服务体系的思考、规划、责任和实施,改革教学方法和评价体系,加强专业建设,调整职业结构,优化人才发展模式,促进学生知识、技能和素质的全面发展,充分挖掘个人潜力和紧跟社会脚步这三方面为高校创新创业教育提升教学质量的基本目标。

高校各领导应对创新创业教育有高度的责任意识,在日常高校管理和服务工作中时刻不忘创新创业教育的要求。教师在教学过程中要注意帮助学生建立创业意识、培养创新精神和锻炼创业技能,增强自身的创新创业教育意识,最大程度上激发出学生的创业热情,不断开发他们的创业潜力,使大学成为培养创新人才的摇篮和创业者的"熔炉"。与素质教育一致之处在于,高校进行创新创业教育的对象也是全体学生,并不是适用于少数人的"精英教育"。这里应注意,创新创业教育的核心是培养人才,旨在培养学生的创新精神、创新意识和创业能力,进一步提高学生的综合素质和技能,促进学生的自由全面发展。

(二)转变就业观念

创新创业教育的重点是改革强调理论知识、服务就业的传统教育模式,促进大学教育制度创新。高校和学生应在以下方面作出改变。由注重传授理论知识转为注重养成科学思维和创新精神、创新意识;由注重机械记忆转为培养创新创业素质;由注重考试成绩、统一标准答案和以就业为导向转为创业型人才精神培养、提高创新创业能力、既可以走上工作岗位又可以创业;由充分发挥教师的主体性转为以学生为主体。

目前,我国高校毕业生中不乏有创业想法,了解创业的人,但进行创业的人则少之又少,多数人还是优先考虑就业,之后再创业,这不免会使他们缺乏对创新创业教育的重视程度,用于创业的知识储备不够,实践技能欠缺。高校应更加重视培养大学生的创业技能和积极主动的创业热情,长此以往,毕业生不再只青睐于就业,而是有机会创造工作岗位。创新创业教育是有战略意义的系统性工程,不能仅注重表面的要求,必须明确的是,他们的基本要求是高质量的教育和创新创业教育,鼓励教育工作者和教师发挥最大的主体性和创造性。因此,高校创新创业教育的发展不仅要注重提高学生的创业意识,还要树立创新创业教育新理念,帮助学生培养自主创业的理念。我们以优质教育和普通教育为基础,创新创业教育模式,培养创新创业技能和综合素质,为国家培养真正的创新创业人才。

（三）全社会营造创业的良好氛围

目前,社会大众对创新创业教育普遍存在误解,他们把创业看作是没出息、找不到工作的出路。不同媒体、政府相关部门应积极倡导、宣传创业政策、创业模范,举办创业讲座,进行创业培训等,增长大众的见识,减少他们对创业风险的过于担心以及对创业的歧视心理和抵制情绪;大学生家长应摒弃就业一心求快的想法,对孩子合理地创业意愿予以支持,鼓励他们发挥自身的知识和才干,为自己的创业梦想努力,为社会就业贡献自己的一份力量;社会相关组织根据大学生创新创业优惠政策从资金、技术等方面来支持大学生创业。这创造了一种国家支持、学校和家庭重视教育、学生积极参与、全社会尊重企业家的社会氛围。这对于鼓励学生创新创业,减轻他们的心理和思想负担尤为重要。

二、引导大学生树立创新性人才成长目标

引导学生更加深入、全面地理解新时代对人才的需求,正确把握新时代学生的思维动向,充分了解人才需求,促进创新创业,并在此基础上培养学生更好地指导他们发展人才目标。

（一）引导大学生明确成才目标,把握成才导向

时代不同,人才观念不同,对人才的要求也不尽相同,这就使得大学生的成长成才目标发生了改变。《国家中长期人才发展规划纲要》对人才下了明确定义——人才是指具有专业知识或技能,进行创造性劳动并对社会作出贡献的人。从中不难发现,人才的培养需要从全方位进行,

不仅要提高大学生的知识储备和技能，还应培养优秀的思想和人格。引导大学生确立正确的成才目标，要在下面几点上下功夫。

第一，把握好思想政治工作的方向。借助多种方式拓宽大学生思想政治教育渠道，注重提高大学生的政治觉悟和道德品质，帮助大学生树立共产主义理想，同时注重大学生健全人格的培养。

第二，把握好知识导向。时代在发展，知识在更新，因此要力求让大学生认清当前形势，抓住时机，不断丰富自己的视野和内涵，充分掌握专业知识与最新动态，时刻了解国家的新政策、新方针，通过不断学习丰富和完善自己的专业知识。在学习理论知识的过程中要与实际紧密结合起来，开展综合实践，让学生利用知识解决实际问题。

为了有效地帮助大学生实现自身目标，需要他们提升自己在不同方面的能力。如灵活运用知识的能力。通过三至四年的学习，大学生通常可以牢固掌握专业的基础知识。由于大学生实践经验不足，进入企业后不能马上开始工作，必须经过专业技术培训后才能真正地走上工作岗位。因而，作为在校的大学生要注重培养自己运用知识的能力，积极参与各类创新创业实践项目，将理论知识运用到实践项目中，不断地从中积累经验，这样才能更好地适应社会需求。再如持续学习能力。大学生的学习现状存在知识结构不合理、不深入的问题，而近年来我国高校的教育教学改革虽然不断深入，在教学形式和教学方法上也有一定的改进，但不太重视对学生自主学习能力的培养，这就使得我国大学生自主学习能力普遍较差，在以后的工作中遇到新知识，不容易理解、掌握。因此，大学生应不断提升学习能力，将理论知识与实践相结合，提升自身素质，高效地实现工作目标。信息时代要求学生不断地学习，通过更新的知识内容来丰富知识的结构。

第三，做好行为引导。引导大学生确立崇高的理想信念，培养明辨是非的能力，在复杂的社会现状下保持积极向上的正能量；加强思想道德防御，增强抵制消极思想的能力；不断提高思想道德修养，保持正确行为。在教学过程中注意对大学生日常行为规范的教育，使大学生能够用正确的行为规范来约束自己的言行，发扬良好的道德传统。

（二）引导大学生认知成才价值，自觉履行社会责任

为了引导大学生树立满足新时代发展的创新性成长目标，应强化他们对成才价值的认知，这就需要他们能够平衡全面发展与个性发展二者的关系，从本质上来说是如何处理个人利益与集体利益的关系。大学生健康成长需要正确的价值观引领，应明确分辨全面和个体，但二者其实是辩证统一、相辅相成的。大学生一定要明白任何个体的价值都离不开社会关系和社会条件的支持，并在社会中得以实现。不难发现，一个人的成长可以体现出所处社会对人才的要求，还体现了社会性的主要特点。在成长价值的实现过程中，一定要将个人追求与社会需要结合起来，将个人价值融入社会生活，在发展个人价值的同时心怀社会责任感，在社会公共生活中勇于承担自己的社会责任。大学生将其个体价值落实为具体行动，在社会生活中转化为现实，就是用实际行动实现了个体价值。大学生步入社会，无法避免会面临和其他人比较、竞争的情况，应对职场上类似的人际关系问题时，大学生应学会正确处理利己与利他、一致性与差异性的关系，用良好的道德规范指引自己的行为，使自己更加成熟，积极履行应尽的社会责任，活出人生的意义。随着社会经济的不断发展与进步，个人软实力越来越重要，在大学生的个人发展中，与人合作和沟通的技能是一项非常重要的软实力资源。它不仅体现了一个人的综合能力，也在企业和团队协作中发挥着重要作用。企业的工作任务一般是由一个团队或多个团队执行，这需要团队成员具有团队精神、责任心和良好的沟通能力，确保问题的妥善解决和项目的顺利推进。通过参与各种创新创业教育实践活动，使大学生在沟通能力、团队合作能力等方面得到锻炼和提高，为大学生未来的发展奠定基础。

（三）引导大学生积极参加社会实践，提高自身意志力

不同于其他理论课程教学，创新创业教育在重视理论教学的同时，更加重视实践活动，它是一门具有较强的实践性和综合性课程。基于创新创业教育课程的本质，在教学过程中不仅要使学生掌握充足的专业知识，还要重视培养创新创业精神和能力，与此同时，为了让大学生更好地将个人发展融入社会发展中，也应积极引导大学生将学到的理论知识

应用到实践中。作为我国社会主义事业的建设者和接班人的大学生,是我国建设创新型国家重要的新生力量,也是人才强国战略的关键因素。目前,我国大多数大学生的创新意识和创业能力需要不断提升,迫切需要把大学生的创新精神以不同的水平和方式与实践活动相结合。因而,高校在开展大学生成才教育的过程中,一定要摒弃片面、狭隘的实用主义教育思想。

第一,积极推进教学模式改革。不断更新学科前沿知识,把当下的学科与科研资源融入教学中,加强学生对专业前沿知识的深入了解,改变一直以来机械教学的方式,真正地让学生处在主体地位,不断提升大学生的自学能力和独立思考能力。根据不同教学需要,利用多种教育形式及手段,例如,在教学中创设教学情境、基于案例的对比式教学等。运用多样的教学形式和先进的技术手段,提高学生的学习兴趣,提升教学质量。新教学模式下的教育改革应强化学生对专业知识的理解和感悟,不断提升自我能力。

第二,强化学生实践教学环节。开展教育实践活动,有效提高教育教学质量,例如,依托行业建立稳定的实习、实训基地,制订合理的教育教学计划,在学期中、末组织学生参与专业技能训练,在实践过程中加深对所学知识的理解,进而提高学生将理论知识转化为生产力的能力;整合资源,积极搭建实践教学平台,让学生把所学知识、专业技能与实际项目相结合,积累相关经验,培养大学生的创新精神和实践能力。在新时代成长起来的大学生,从小在生活、学习等各方面都享受了比较好的条件,会出现一系列问题,如遇到压力心理承受能力较弱、太关注自身利益等。而现代创造型企业的员工应该是稳定、有责任心和敬业精神的,这就使得高校对大学生进行社会生存观和价值观教育势在必行,提高学生适应社会的能力。在创新创业教育过程中大学生应在培养脚踏实地的敬业精神上下功夫,有效利用创新创业课的教学资源,积极主动地参与团队合作。高校应坚持党的教育方针,立足于高校的实际情况,不断更新思路,促进人才素质的提高。

三、发挥思想政治教育对高校创新创业教育的引导作用

思想政治课在高等教育理论课程中有着不一般的引导意义,这不仅解决了学生在现实中的困惑,也有助于他们树立正确的人生观和价值观。这对学生的成长和成功至关重要,在创新创业教育中发挥着积极、重要的引导作用。

(一)以思想政治教育决定创新创业教育的正确方向

社会主义核心价值观的正式提出要求创新创业教育应远离盲目的照搬照抄,这一要求在创新创业教育中发挥着主导作用。为了实现中华民族的伟大复兴,应尊重历史规律,顺应历史潮流,把握发展趋势,努力学习建设创新型国家,由此对人才培养机制提出了不同的要求。大学生作为青年群体的中坚力量,肩负着实现国家发展、民族复兴的重任,他们的个人价值影响着国家的命运。因而,大学生创新创业教育应符合建设创新型国家的发展战略,以社会主义核心价值观为价值导向,开发多元化的学习教育载体,从而培养大学生的创新创业精神,使全体师生深刻地认识到开展创新创业教育的必要性和意义。

从经济新常态的背景出发,提出创新驱动经济发展的战略,创新创业教育十分贴合思想政治教育的时代要求,准确地贯彻了社会发展的新理念,坚持了立德树人的本质要求。思想政治教育与创新创业教育的目标相一致,都是为了培养大学生良好的道德品质、树立科学的理想信念,最终目标都是每个人自由全面发展。思想政治教育必须围绕社会主义核心价值观展开,社会主义核心价值观是创新创业教育的重要发展方向。社会主义核心价值观囊括了国家、社会和公民三个层面的价值要求,因此,高校创新创业教育要强化思想政治教育价值的引领功能,从而及时发现创新创业教育工作是否按照发展方向进行,也有利于使大学生通过创新创业产生成就感和使命感。在高校创新创业教育中融入思想教育有利于社会主义价值观的传播和践行。

（二）以思想政治教育引领创新创业教育的价值内容

从内容上来看,思想政治教育与创新创业教育在很多方面有高度一致性。高校在思想政治教育方面开设了一系列课程,如职业道德教育、形式与政策课程、大学生心理健康等,开设这些课程有许多方面的目的,有助于完善大学生的人格特征,不断提高政治觉悟,增强服务意识,将个人抱负与国家发展结合起来,培育健康心理,形成健全的人格。高校创新创业教育应注重大学生个体的视角,引导大学生建立正确的人生观和价值观,促进大学生在实践中得到发展与成长。同时,大学生通过参加实践活动不断充实、完善自我,为以后从事创新创业实践奠定了理论基础和实践经验。根据学校实践和经济社会的需求,引导大学生形成符合社会发展的价值观。

1. 创业观教育

正确的创业观是高校创新创业教育发展的必备条件。一个人的世界观、人生观和价值观对他自身的活动起到了支配作用。清晰且正确的世界观、人生观和价值观,可以让我们坚定目标,并以积极向上的态度为之努力。若要培养大学生正确的创业观,应在推进大学生创新创业价值观教育的同时,根据建设创新型国家的各方面的要求,让他们意识到在未来的创新创业过程中会面对诸多挑战和困难,并培养用于探索、开拓创新的精神。因而,高校创新创业教育开展价值观教育的过程中,要充分利用不同手段,使大学生在创新创业的实践中,进行满足个人价值和社会价值的各种尝试。

强健的创业心理素质是提升高校创新创业教育实效性的一大因素。因而,在创新创业教育实践教学中,实施与运用的案例既有成功案例也有失败案例,让学生学会剖析失败的原因,吸取别人失败的教训。用失败的案例让大学生深刻地意识到,创新创业并非一帆风顺,而是一条艰苦的道路,会遇到各种挑战和困难。高校创新创业教育的重要目的之一在于培养大学生良好的心理素质,即要有远大的理想和进取心,在实践中尽可能地发挥自己的优势和才能,勇于探索开拓出一番事业。同时,遇到挫折及失败时,应具备强大的抗挫能力和承受能力,培养屡败屡战的坚强意志。因此,高校创新创业教育中,培养大学生良好的心理素质的确是一项不能忽视的工作。

2. 理想信念教育

理想信念教育也是高校创新创业教育发展的必备条件,是提高创新创业教育实效性的重要途径。当下的社会环境十分复杂且存在各种诱惑,容易使大学生缺乏坚定的理想和信念,而只有他们具备远大的理想和坚定的信念,才有助于他们树立明确的目标,并为之投入精力、资源等。个人理想涵盖了社会理想、生活理想和创业理想等,创业理想可以说是实现社会理想和生活理想的手段。帮助大学生树立正确的创新创业价值观的过程中,也应重视对理想信念的教育,指引大学生确定创新创业的方向,开拓适合的创业思路。与此同时,应注重推进大学生素质教育,在创新创业过程中发挥自身的能力优势,找到自己的兴趣所在。因此,高校创新创业价值观教育中,应注重培养大学生的创新创业理想信念。

3. 职业道德教育

加强大学生职业道德教育是创新创业价值观教育的重要内容。职业道德指的是从业人员在职业活动中应遵循的道德规范和行为准则,爱岗敬业、诚实守信、服务群众是公民必须遵守的职业道德。通过对高校创新创业教育的现状进行分析,职业道德方面的教育占有一席之地。高校思想政治教育的课程与现实情况存在脱节,内容陈旧,教材内容多为空洞的说教。因而,高校开展创新创业教育要注意增强大学生的自律意识,强化大学生的社会责任感。在塑造了创新创业价值观时,学生必须坚持崇高的职业理想,培养良好的职业习惯,具有良好的职业道德。这是培养学生创新创业价值观的重要组成部分。

(三)以思想政治教育拓展创新创业教育的载体模式

在创新创业教育中融入思想政治教育可以充分地发挥出后者的育人功能,以培养大学生的实践能力为重点,使大学生的自我价值与社会实现相统一,结合社会发展趋势,使创新创业教育成为思想政治教育的新载体。

1. 课程主渠道载体

创新创业教育是为培养大学生的创业意识和创业能力专门开发的课程,当前在我国大多数高校采用选修课为主或必修与选修相结合的形式开展,通过调查发现现有的课程安排并没有抓住创新创业教育的实质,也不能很好地实现其目的,更谈不上全面提高大学生的创业能力和创业素质。

创新创业教育课程体系的构建是离不开专业课程和基础课程的,这些课程帮助大学生形成科学的创新创业观念,使大学生的创新创业能力得到提升。例如,高校思想政治理论课的必修课程之一——思想道德修养与法律基础,能牢固树立社会主义核心价值观,培养了大学生高尚的道德品质,为大学生创新创业提供理论引导。专业教育是学生学习理论知识,提升专业技能的主要途径,通过深入学习专业课程,学生才能产生学习的欲望和对本专业的期待,提升专业认同感,从而密切关注行业发展,以极强的担当精神和进取意识积极地为行业未来而努力。深入钻研本专业的有关方面有助于大学生完善自身的知识结构,开拓创业思路,进而提高创新能力和创业素质。

2. 实践活动载体

在创新创业教育的载体建设中,一个非常重要的方式是创新创业教育实践活动,所以要在实践的过程中摸索出适合创新创业教育的方式,制订科学的实施计划,使创新创业理论知识与能力得到有效提升。当下的创新创业教育实践活动多为创新创业大赛、创业园项目,实践活动形式单一,因此,可以在其中融入思想政治教育实践活动,使其形式更加丰富。例如,组织"创新创业"主题班会或辩论赛,调动学生参与活动的积极性,尽可能全方位地认识创新创业;组织学生到本地创业成功的企业参观、学习,与企业的管理者沟通,使学生进一步认识创新创业,从他们身上积累宝贵的经验。依靠形式多样的实践活动,让学生的情感体验丰富多彩,强化他们的责任担当,使他们勇于开拓进取;使学生认识到创业的道路充满艰辛,体会企业文化巨大的感染力,通过亲身经历提出积极的改善方法。

3. 网络教育载体

随着新媒体技术的逐渐推广,新的网络媒体已经成为教育领域的一个新前沿。高校思想政治教育不再僵化、单调,教育工作者们正在积极探索网络思想政治教育的新模式,其重要内容是利用社会主义核心价值观影响大学生成长成才。若大学生遇到各种疑问,会在网上搜索同样适合创新创业教育过程的解决方案。创新创业是我国当前高等教育发展的必然选择,可以促进大学生的健康发展,因此,有必要将创新创业教育的更新和更广泛的内容纳入网络思想政治教育中。基于各种形式的媒介,更有效地向学生教授知识和技能,基于多样的载体形式,更加有效地向大学生传授信息,进一步强化社会主义核心价值观的渗透和引领,引导大学生树立适合自己的人生目标,将社会主义核心价值观用于个人成长的方方面面。新媒体时代的到来,彻底颠覆了人们对传统媒体的认知,重新定义了人们获取信息的方式,无时无刻不在影响大众的思维方式和行为模式。高校开展创新创业教育过程中,我们必须充分利用新媒体交流信息的便利性。高校创新创业教育应充分利用新媒体促进信息传播,为学生提供机会,让他们了解创新创业的时代精神,培养他们的创新意识和技能。

网络创业模拟结合了课堂学习和在线互动两种方法,是将课堂理论与创业活动有机结合的网络在线教育平台模式,成为了大学生进行课外实践的重要平台。有了这个平台,学生可以跨越时空界限,及时得到多种多样的信息,进行远程学习和自主学习。有关学校的实践已经表明,网络模拟教育平台在创新创业实践领域已经取得了重要成果,不足和缺点仍广泛存在。例如,网络创业模拟平台不能让学生感受到创新创业中的风险。为此,在以网络的方式进行创新创业模拟教育的过程中,应在以下方面着手:一是把风险防范作为重要任务,摆在优先地位,提高学生对该方面的理解能力,引导大学生树立创新创业的风险防范意识;二是使创新创业模拟平台更加科学、合理,模拟过程必须缩小与现实之间的差距,更加全面地制订教学方法。只有这样,我们才能更有效地培养学生的创业思维和自学能力,使创新创业人才培养能够持续发展。

当下是新媒体时代,微博、微信和 QQ 等社交媒体已经流行起来了,可以说每个大学生都有这些社交账户,借助各种媒介使大学生高效地接收到与创新创业相关的信息和理论,这可能会在无意中影响他们的世界观、人生观和价值观。因此,我们必须积极利用新媒体形式向大学生传达创新创业精神。一方面,高校教师要以新媒体手段开展教育,在新媒体的影响下培养大学生的创新意识,拓宽他们的视野。教师应充分发挥网络平台的作用进行相关知识的宣传工作,使学生更加深刻地感受到我国对创新创业的重视程度,在依靠创新创业推动我国经济高质量发展的形势下,大学生要勇敢地站在时代前列。让学生清醒地明白一点,建设创新型国家是当代的人才必须承担的历史重任。另一方面,教师应自觉学习新媒体方面的知识,并且可以熟练运用多种新媒体技术进行教学,基于这些再进一步通过多种措施建设创新创业的师资队伍,改革传统教育的旧思想,对教育理念进行探索、创新,利用社交媒体帮助大学生解决创新创业活动中遇到的困难,从而影响学生对创新创业的认识,提高他们对创新创业的热情。

四、开展各具特色的创新创业教育

目前我国大学生创业的比例较低,这在一定程度上反映了大部分大学生缺乏提升创新创业技能和实践的机会,又因为大学生没有什么社会经验和人脉,很难吸引到投资人。因此,高校可以开展一些符合本校办学定位、办学优势、专业特色和学校区位优势的创新创业教育形式。这里以福建省高校为例加以介绍。例如,闽北的武夷学院可以借助当地茶叶、旅游业、食品加工等经济特色,与当地的优秀企业深化合作,建立创新创业产业集群。福建农林大学可以利用闽台区域特色与农林学科优势,安溪茶学院还可以发挥地理优势,引领助推茶产业改造升级;可以邀请八马茶业、安溪铁观音基团等优秀茶企建立创新创业实践基地,将茶产业链引入创新创业实践教学。

此外,高校进行创新创业人才培养的过程中,应尊重学生的个性,根据学生存在的个性差异展开培养,注重分层培养,逐步提升学生素质,坚持个性化学习,培养适应社会经济发展的创新创业人才。

五、健全创新创业教育体系

由于没有进行合理的统筹,我国高校创新创业教育体系在课程设计、实践基地建设和资金投入等方面存在许多缺陷。例如,一些大学虽然配备了大量创新创业教师,然而,每年的创新和创业课程是不够的;大多数大学没有专门的创新创业咨询和服务平台。在高校开展创新创业教育,迫切需要建立专业的学生创新创业教育机构,建立健全工作制度。各高校要整顿管理体制,建立教育部门、学生就业部门、团委、科研部门的联合协作协调工作机制。根据高校的现状,有必要适当整合学校资源,推进特色创新创业教育。

第一,建立全方位、多层次的创新创业课程体系。中国大多数大学开设的创新创业课程较少,较为单一,而且部分课程仅向大四学生开设,课程的覆盖面较窄。对于此种情况,我国高校应向全体学生开设创新创业基础课程,安排更多的课程,从而为大学生给予全面的创新创业辅导。对全体大学生的统一要求是都有创新创业意识,但并不是所有学生毕业后都会实施,因此,我国高校的创新创业课程应根据学生的类型开展分层次教育,具体方式有以下两种:一是根据学生对创新创业的意向不同,开展不同类型的教育活动。对于有兴趣了解创新创业知识、想体验一番的学生应进行创新创业基础教育,如设立公共选修课;对于有强烈的倾向学习创新创业的学生,应设置专业性较强的课程,提供系统、深入的创新创业理论知识;对于目前从事创新创业实践的学生,专业教师也必须在学习期间提供有针对性的指导,并建立机制支持创新创业实践,全力支持大学生创新创业实践。二是,不同教育水平的学生有不同类型的课程。针对低年级大学生,提供基础课程,提高他们对创新创业的认识;针对高年级大学生,提供专业的创新创业课程。此外,大学在开展创新创业教育时,还必须结合不同专业的需求,除了职业培训外,还应引入创新和创业教育。对于理工科专业,学生应该专注于技术成果的转化;对于人文学科专业来说,强调指导学生如何进行创新策划和营销等。在传授理论知识的同时,应重视开展多样化的创新创业实践活动,从这两方面共同着手,用理论知识指导实践活动,再通过实践活动深入理解理论知识,在实践中培养大学生的创新创业精神和技能。

第二,重视成立一支专业化、多元化的师资队伍。如果高校创新创业课程的教师水平较高,能极大地推动创新创业教育朝着积极的方向发展。但现在不少高校的创新创业教师还是由负责就业的行政人员或辅导员担任,因此,亟须提升教师队伍的教学水平、选择专门的教师,为创新创业教育的健康发展提供内在保证。一是加强学科建设,构建创新创业学科体系,培养和引进创新创业专业的教研人才,摆脱向其他院系借调教师的问题。二是弱化对学历和学术的影响规定,聘请有丰富创新创业实践经验的优秀创业者或企业高管担任创新创业教师,进行教学和研究工作。当然,也应鼓励和帮助目前的创新创业教师继续学习理论知识、提升实践技能,使教师不断提升自身素质。三是,采用创新创业教师互聘制度,在一定程度上解决高校教师队伍薄弱的问题,让不同学校的学生都可以享受到优质教师资源,激励教师提升教研水平,填补各高校间水平上的鸿沟,使高校创新创业教育得到质的提升。当然,还需要在政策上予以支持,高校应基于目前的状况,制订关于教师待遇、职称评审、成果认定等方面的明确政策,使创新创业教师有清晰的职业规划,并为之努力。此外,激发创新创业教师的动机,绩效考核的指标应适当扩大衡量的范围,加入创新创业教育的有关内容,评价结果对职称评定、评优评先、奖金等有直接影响,对于那些在教学和科研方面取得重要成果的教师进行精神和物质奖励,进而调动教师对大学生开展创新创业教育的积极性。

第三,加强配套设施建设。高校创新创业教育的正常开展不仅离不开相关的硬件系统,还应配备一些有助于开展实践活动的设施,主要从以下几方面着手。一是建立创新创业实践基地,借助创新创业孵化基地、创客空间等,大学生可以有条件实施自己的创新创业项目。二是发挥网络的优势,建立线上线下共同发展的创新创业实践平台,网络创新创业平台容易上手,前期投入少,可以减少大学生进行创新创业实践的顾虑,增强他们的创业信心,从而让更多大学生参与进来;丰富大学生勤工俭学的方式,倡导高校里的店铺让本校学生参与到实际经营中,高校可以对这些店铺进行资金补助,这使大学生参与创新创业实践有更多有利条件。三是促进高校和企业间的合作,通过企业平台打造创新创业校外实习基地。高校要加强与当地企业的沟通、合作,建立企业与高校的合作机制,建立生产、教学与科研相结合的创新创业教育体系,全面提高学生的创新创业实践能力。这不仅有助于大学生积累创新创业实践经验,还能为企业提供优秀人才。四是重视开发创新创业教材,结合学校特色专业进行开发。

六、完善高校创新创业教育校企合作模式

创新创业教育对社会发展的各个方面都有着重要意义,因此要认真地落实创新创业教育的相关理论,充分地发挥其价值。学校和企业之间的相互管理体系可以有效利用现有的教育环境和资源,实现大学和企业的资源融合,使学生能够通过公司实习从课堂知识过渡到实践,提高他们的实际应用技能、就业和创业技能。企业要想与大学对接,实现"校企合作",就必须结合生产,让学生将学习过程中学到的知识运用在实践中产生实际效果,实现校企合作。

直接来说,学校和企业间通过开展合作来完成具体项目的方式即为校企合作。这种人才培养模式更为重视教育的质量,并根据学生当下的学习情况加以调整。同时,也有利于充分地发挥手头资源的价值,打造更加符合需求的创新创业教育实践平台,令高校与企业都能达成各自的目标。

（一）丰富校企合作内容

高校进行创新创业教育,一定不能忽视校友资源的重要性,应积极与有关企业加强联系,让学生有机会到这些企业实习,有助于学生能够更早地发现自身的价值,为毕业后进入社会奠定基础。归根结底,创新创业教育的核心在于促进人的全面发展,大学生在高校学习专业课程,相当于拥有了进入专业领域的一把钥匙,在专业教育的过程中融入创新创业教育,则为大学生创新创业提供了有力的支撑。利用校企合作来助力创新创业教育,必须要做的就是摸清企业的需求。校企合作的常用方式是学生进入企业实习,大三、大四的学生对本专业知识有了初步的了解,高校会借助各种方式和渠道让学生参加实习,实习的企业主要是学校的附属企业,仅依靠这种合作方式,还不算从最大程度上促进大学生创新创业实践。因而,可以多创造机会组织学生到企业进行实习,增加校企合作的方式,例如,高校和企业一起完成一个项目,可以由学生承担其中的部分环节;高校的技术成果通过企业付诸实践并进行检验,可以安排高校教师、学生和企业员工一起进行。借助各种形式的校企合作,不仅对高校和企业有好处,还能让大学生亲自进行相关实践,对其

创新精神和创新能力的提升都大有裨益。

（二）搭建校企合作平台

为高校与中小企业进行有效的合作建立相应的平台，这能够从根本上促进创新创业教育改革，培养创新创业新人才，将科学成果转化为能实际应用、投放到市场的产品。依靠共享平台能够尽可能地发挥目前的教育资源和环境的价值，为社会和企业培养更多的高素质人才。

创新创业教育实践的真正实施需要在企业的支持下进行，在实习的过程中，学生可以运用在学校学到的理论知识，并且重新整理归纳真正地掌握所学的知识，当然更重要的是可以学到许多实践性的知识，使自己的工作经历更加丰富。例如，对于 IT 公司来说，由于人员或时间等方面的原因，一些项目在实施过程中可能无法正常运行，而高校计算机专业的学生具备一定的理论知识，而且有创新创业的想法，因此，通过高校和企业的合作，这些问题可以得到有效解决，并且二者都能够达成自己的目标。由企业选择一些大学生可以开展的项目，在高校内部进行"招标"，结束后由企业向高校支出相应的项目资金。通过这种实践活动形式，公司可以找到合适的孵化项目，学生也可以实现自己的创业梦想，创造互利共赢的工作方式。

大学生在企业实习期间可以亲身体会职场生活，有机会接触到成功的企业家或正在创业的人，并从这些人身上获得宝贵的经验。

通过与企业一起开展创新创业项目，不仅能让大学生与更多人进行密切的交流，锻炼他们的交流能力和处事能力，还可以促进他们的创新创业项目得以发展，从专家那里获得技术建议和资金支持。

（三）制定校企合作激励制度

在一系列创新创业政策的影响下，全国各大高校都开始进行创新创业教育。大学生对新鲜事物的接受程度较高，在创新创业意识逐渐深入人心的同时，也应加深他们对创新创业知识的理解。作为充满活力和想象力的年轻一代，大学生身上充满着潜力，为了鼓励在创新创业领域表现突出的团队或个人，高校和企业应共同制定相应的激励制度，这在激发大学生创新创业热情方面发挥主导地位。通常采用物质与精神奖励相结合的策略,对于大学生来说,他们的主要经济来源是家庭所给的生活费,在物质方面可能有所欠缺,设置物质奖励对大学生的激励作用较为突出;与之具有同等重要性的是,大学生也有一定的精神追求,精神层面得到奖励会使他们产生积极的心理,发挥正面影响。因此,从物质与精神两方面着手制订激励制度,能够极大地促进大学生创新创业。

七、健全各地区创新创业教育政策落实的监督机制

(一)完善创新创业教育政策的内容

国家有关政府部门制定的创新创业教育政策,明确地规定了创新创业教育的整体发展方向,还对政府、高校和企业三者间的关系有较大的影响,使三者间的联系有所改变。制定创新创业教育政策的过程中,一定要对三者的发展阶段和关系有深入的了解,在此基础上调整和增加相关政策,克服遇到的阻碍,促进高校、企业、政府间的合作。

第一政府需要深入了解目前的社会形势,适时调整与颁布创新创业教育政策,让大学生在创新创业过程中享受到政策给予的便利。例如,信息咨询服务、技能培训、资金支持、税收减免等。

从法律方面,将法律保护放在重要地位,根据创新创业教育的不同内容制定相应的法律,借助法律手段,监督各级政府有效实施。

从创新创业资金方面,大学生开展创新创业活动,离不开资金这一重要因素,政府应颁布资金方面的政策,例如,建立用于创新创业的资金项目、税收政策、创新创业贷款利率下调,从而在根本上减轻大学生创新创业的经济压力。

从创新创业信息咨询服务方面,广泛建立信息服务平台,发挥收集、整理和发布信息的作用。与此同时,如今的大学生能够熟练地使用各种网络平台,可以随时随地查询到创新创业信息。

从教育的培训方面,政府应大力支持高校与企业建立深入的合作关系,颁布对高校和企业两者都有积极作用的政策,使二者更加积极地开展相关合作。这对大学生来说,是宝贵的参加工作实践的机会;对高校教师来说,是继续深入学习专业知识的机会;对企业来说,可以为企业储备优秀人才。

从社会舆论方面,政府应将社会舆论这一手段放在重要位置上,全方位地监督社会舆论,针对不同角度的问题完善创新创业教育政策。与此同时,多进行正面宣传,从而打造出适合进行创新创业的社会环境,纠正大学生在创新创业过程中产生的不良思想,树立正确的创新创业价值观。在此基础上,地方政府还必须提高政策执行意识,有效实施创新创业政策,让其发挥真正的作用。

第二,为了确保创新创业教育的有效发展和实施,政府应加强对大学和企业的政策指导,消除它们之间的障碍。大学、政府和公司都是独立的个体,但它们也相互制约。每个机构都有不同的发展目标和利益。因此,在商业过程中,三方都容易受到基于自身利益的障碍。政策的推广和实施将影响大学和企业的目标和方向,两者之间存在功能接口。作为理论与实践相结合的最佳实践,大学和公司是将知识转化为生产力的最重要平台,政府可以通过制定和实施政策,将这两个方面有效地联系起来。三者的对接融合可以相互利益最大化,统一创新创业目标,积极推动创新创业教育发展,实现政策研究一体化。

（二）提高创新创业教育政策执行力

作为创新创业教育政策的主要参与者和执行者,大学和公司必须继续执行相关政策。

第一,大学必须根据教师、学生和社会的反馈建立适当的课程体系和学习模式。

从课程建设方面,在强调创新创业教育重要性的同时,也不能忽视传统教育和思想政治教育,应合理分配三种教育课程所占的比例,不能只重视其中一种或两种课程。

从课程设置方面,努力培养大学生的创新创业意识。

从教学方式方面,在开设创新创业理论课程的同时,高校应根据自身发展水平,充分发挥校友资源的价值,邀请成功创业者或有关专家来学校进行创新创业知识讲座或创新创业技能培训,让学生从他们身上获得宝贵的经验。

从教学方法方面,教师不仅采用传统的说教式教学方法进行教学,还要采用多样化的教学方式,例如,情境体验、案例分析等。在不同形式的教学中课堂增添了趣味性,使学生产生了浓厚的学习兴趣,除此以外,能够使学生形成创新思维和创新创业的热情。

第二,高校应加强对教师的创新创业培训。制定高校创新创业教育政策需要建立在充分深入的调研上,主要是针对教师队伍的专业水平、教师的授课能力、学生的适应性和学习新知识的能力等实际情况方面。这些都与创新创业教育存在密切的关系,有效组织教师的学习时间,确保课程的专业性和科学性,是制定创业领域创新教育措施的主要因素。创新创业教师可以从创业或创业管理方面的人才中选拔,现在高校应立足自身实际情况,考虑自身的办学特点,组织创新创业教师参加有关专业知识和素质的培训,使教师不断提升自身的专业水平和教学能力。同时,一些欧美国家有着悠久的创新创业历史和丰富的经验,政府相关部门应鼓励高校与国外高校开展交流活动,吸收其他国家的优秀思想和模式,选派教师到国外高校进行实地考察,有助于他们拓宽眼界,提升教学水平。

(三)建立创新创业教育评估体系

建立创新创业教育评价体系,对数据进行评价,可以为创新创业的实施提供可靠的数据支撑。除了数据,评估系统还提供及时有效的反馈,为政府制定战略提供依据。只有在创新创业教育过程中不断自我评价,缩小差距,才能取得成效,这是有效实施创新创业教育政策的重要组成部分。

第一,创新创业教育政策的评价体系和评估标准应结合创新创业教育的目标和总体要求进行不断优化。创新创业教育评估应坚持以下原则,评估方式具有客观性和公正性,评估结果满足有效性。不仅是政府可以对创新创业教育进行评估,还可以确立其他方面的评估主体,在他们那里获得建议和有关对策,使评估结果更加丰富,避免单一评估主体的缺陷,建立多元化的评估主体。创新创业教育评估应具有符合创新创业教育发展特点和规律的标准,如效率性、公平性、响应性和执行力等。

第二,建立高校创新创业教育的评估体系,可以从以下方面着手。一方面,全方位地评估高校创新创业教育,如课程设置、培训讲座、创新创业竞赛情况、科研成果转化等角度,经过数据统计实现量化分析,以量化结果为依据对创新创业教育体系进行调整,加强创新创业教育中的薄弱环节,扎实开展全员培训,提升学生的创新创业能力。另一方面,全方位地考察教师,如专业知识与能力、教学水平、学术水平等。对教师的评估通过动态监督实现,以评估结果为依据对创新创业教师的培养方案进行及时的调整。还需要建立反映教学问题的教师反馈机制,以确保创新和创业教育的健康发展。建立科学有效的评价体系是推进高校创新创业教育的重要组成部分,对创新创业教育发展具有调节作用。

第 三 章

高校创新创业人才培养的运行机制

　　创新是推动发展的第一驱动器,也是促进一个国家和民族繁荣发展的不竭动力。创新与创业二者间存在密切的联系,创新是创业的基础和核心,创业则是创新的实现方式和最终呈现。社会生产力和经济社会的不断发展离不开创新创业型人才的努力,对于创业型企业家来说,他们也在为之不懈努力,他们把不同生产要素重新分配进行再生产,把得到的创新产品推出到市场上,使市场不断流入新鲜血液。创新创业教育是未来高等教育发展的一大趋势,这种方法在学术教育和职业教育中同样重要,成为教育体系的三部分。"大众创业,万众创新"这一口号的感召下,全社会的人们都能参与进来,其中,大学生扮演着非常重要的角色。培养大学生的创新创业精神,不断完善创新创业教育的运行机制,教育出创新创业的储备人才,这是我国推行人才强国战略和创新驱动发展战略、保证经济有秩序地提高、实行创业型经济的必备因素,也是进一步改革高等教育、提升大学生就业竞争力和创新创业能力的必要措施。

第一节　高校创新创业教育的保障机制

高校对大学生进行创新创业教育有助于培养大学生的创新思想和主观能动性,使他们走上社会后能够适应全球化发展的社会现状,同时,还能有效促进经济发展。当前,我国高校创新创业教育正处在发展的初级阶段,其中不可避免地存在着各种各这样的弊端,如创新创业教育确立的目标不合理、不具体,在创业教育方面教师的培训水平参差不齐,创业教育的课程体系也不完善。因此,研究创新创业教育的保障机制具有重要的理论和现实意义。

一种与现代技术发展、社会发展和学生个体发展相适应的科学、灵活、适应性强的保护机制,不仅可以确保创新创业学习活动的顺利实施和运行,也有助于实现科学研究和社会服务功能。此外,创新创业教育体系可以有明确的改革方向、途径和方法,使其能够持续、健康、快速发展,逐渐成为一种理论、实践和贡献。

一、思想保障

经过多年的努力,中国的社会主义市场经济制度逐渐步入了正轨,而且,中国高校办学体制机制的改革也在不断深入,相关方面共同导致了中国的就业政策由 20 世纪的"统一分配"转变为如今的"自主就业"。在这种情况下,不少大学生产生了对未来从事工作的迷茫,这就需要大学生能够及时摆脱对工作的消极态度,培养努力工作的精神,树立正确的创新创业观。

目前,中国高等教育的普及程度明显提升,每年会涌现出大量高校毕业生,他们在求职的过程中,不可避免地会遇到不符合自己预期的工作。不少毕业生处于长期无业的阶段,还有不少毕业生一心只想去大城市、国有企业、高薪职位等,对一些工资较低的工作根本不会考虑。因此,高校应主动引导大学生在求职过程中改变过去的固有思维,树立新的理念,打破旧的民族团结观念,开创创新创业新路;克服一直工作到老的思想,树立多元化就业的新理念;克服不想改变和进步的旧信念,为先驱和企业家创造新的想法。

在全民创新创业的大背景下,促使高校应树立新的教育观,让大学生的知识、能力和精神能够全面发展,这首先就需要对大学生进行思想教育,让他们受马克思主义生产力理论、马克思主义实践观、人的全面发展观和思想政治教育的熏陶,引导他们在正确的思想观念下进行创新创业,并在具体操作过程中,时刻谨记正确的思想观念,利用它们来解决碰上的难题,不断完善自己的创业观。

第一,加强马克思主义实践观教育,培养正确的创业观。开展创新创业教育必须在实践中完成。若要从整体上准确、系统地领会到创新创业教育体系的核心,仅仅从体系本身着手并不能很好地实现,还应深入了解它的内在价值。这就需要大学生能够融入社会生活,通过亲身经历去体会、理解其内涵。一定要践行在实践中学习、在人民群众中学习的口号。大学生在不同的项目中能够提升某些方面的能力、增强自身才干。加强马克思主义实践观的形成,使学生实现从思想到行动的自发转化和升华。通过进行实践观教育,学生树立了正确的创业理念。

第二,坚持人的全面发展理论,培养学生的创新创业精神。创新创业实践观教育下的大学生要主动地发挥出自身的主动性、创造性,敢于拓宽思维,积极参加不同的实践活动。创新创业教育涵盖的内容较为广泛,如一个新颖的想法、开办一家公司等都是其指导对象。在大学校园里,大学生不仅会学到丰富的文化知识,还会在个体发展、主体意识、创造能力等方面接受相关的引导,其创新精神和创新能力都会得到提升。大学的教学活动应旨在培养学生的创新精神和能力,使他们成为具有广阔视野、创业理念和创业勇气的企业家。

第三,重视德育,在科学的育人体系的指导下进行创新创业实践。高校创新创业实践教育中,要把思想道德教育放在第一位置,让大学生学习优良的精神,帮助他们树立正确的三观,提高个人心理素质,树立综合发展价值观,服务社会,培养有社会理想和道德的企业家。

二、课程保障

不论是哪个阶段的教育,课堂教学都是达到教学目的的主要方式和场所,对于高校创新创业教育来说也不例外,在这方面,有必要建立一个强有力的创新创业培训计划体系。目前,中国高校的创新创业仍处于发展阶段,在许多方面都存在不足,因此,可以从以下几方面入手来完善课堂教学。

第一,应明确创新创业教育课程的重要性,在人才培养体系中设置相关教学目的,明确教学要求,在不同年级开设相应的创新创业教育课程,编写符合高校和学生实际的配套教材,从创新创业意识、创新思维、创新创业知识、创业技能等方面着手,向学生传授创新创业理论知识。

第二,科学分配课程类型,可以设置必修课和选修课,让学生在一定程度上发挥主观能动性选择接受哪些方面的教育。结合时代背景,设置多样化的课程内容,提高学生的学习兴趣的同时让学生的专业知识储备更加全面。

第三,将创新创业教育与专业教育融合起来。在公共课程、学科基础课程、专业课程中,也应重视加入创新创业教育的理念和内容,使二者能够互相促进。创新创业理论知识和实践技能的教学过程中,应考虑到不同学科之间的影响和教学的完整性,为学生毕业后的就业打下坚实的基础,学生不仅有能力选择现有的职位,还能够找到市场的新需求,找到新的职位,从而试着自己创业。

第四,注重创新创业实践教学过程。设置具体课程时,应适当增加实践教学的占比,定期邀请企业管理层、成功的创业者和优秀毕业生到学校进行不同学科的创新创业讲座和培训,为创新创业项目提供具体建议,使学生能够通过参与实践项目提升自身的创新创业技能。在本科阶段的人才培养计划中适当地增加创新创业实践教学的内容,探索分为三个层次的创新创业实践教学模式,在不同年级设置相应的创新创业教育实践项目。具体分为以下三个层次:在大一、大二时,大学生在创新创业实践教育中集中学习相关的理论知识,在业余时间参加各种形式的社团活动,例如,技术发明、专项竞赛、创业模拟等创新创业活动;在大三时,安排学生在不同创新创业平台实习,学科竞赛、创新创业项目、创新创业实践基地等平台,让学生在具体项目中培养实践技能,进一步能够提升他们的创新创业能力；在大四时，鼓励学生走出大学校门，积极参与社会创新创业实践，在正规公司实习，让学生通过实践学习经验，提高创新技能，为他们参与产品设计和开发、参与生产实践、体验商业管理模式提供了广阔的平台，真正切实地提高一个人的创新和创业技能。

三、师资保障

创新和创业是一项复杂而实用的创造性活动。为了真正实现学生在创新创业领域的关键目标和课程设置，创新创业教师的建设对他们来说至关重要。目前，中国一些高校已经开始开设创新创业教育课程，并配备了专业教师，但是由于其发展时间还较短，存在着许多问题，如创新创业教师数量不足、质量不高等。一支优秀的创新创业教师队伍是创新咨询的重要保障。从确定创新创业指导方针和课程的目标开始，高校创新创业指导的内容分为理论和实践两部分。而从我国高校创新创业指导现状来看，大多数教师是从就业咨询中心的顾问和教师中挑选出来的，普遍缺乏创新创业的实践经验，这不可避免地使他们的课堂倾向于理论知识，极度缺失实践内容。因此，高校应提高建设创新创业师资队伍的重视程度，从国外高校的相关经验中吸取经验教训，邀请具有丰富创新创业经验的创业者和企业家担任教师。有效促进创新创业教育发展，确保创新创业教育质量，打造一支结构合理、专业为主、专兼结合的教学团队。

第一，提高教师的创新创业素质。高校应提供理论、专业和实践培训，以提高教师的专业水平；还应组织教师负责高校创业孵化项目，丰富自身的实践经验，在教学过程中增加实践培训的比重。高校根据自身实际情况和教育特点，选拔优秀的创新创业教师，通过"送出去"和"请进来"的方式，邀请他们参加国内外举办的各类创新创业教师培训。提高专业教师在创新创业领域的理论和实践技能；它还允许具有强大专业技能和积极思维的教师加入公司或企业，在具体的创新创业项目中学习，在此过程中将理论知识与实践融会贯通，真正体验创新创业中要求的专业素质和能力，进而促进创新创业师资队伍的发展。

第二，吸引具有创新创业经验的高素质专家担任兼职教师。提高创新创业咨询课程的质量，实现创新创业指导目标，应不断完善教师队伍构成。高校可以邀请具有丰富创业经验的商业人才担任创新创业实践课程的教师,这些教师不仅具有丰富的创新创业实践和技能,而且具有扎实的创新创业理论基础。可以分享他们在创新创业方面的经验,并引导学生根据自己的专业特点制定创业计划,引导他们参与创新创业项目,提高创新创业技能。因此,高校必须充分利用非大学教师的资源,为创新创业创造一支高素质的兼职教师队伍。

四、平台保障

与高校开设的其他专业课程相比,创新创业咨询项目具有较强的实用价值。与国外高校开设的成熟的创新创业咨询课程相比,中国高校开设的创新创业顾问课程相对较晚,十分缺乏实践性。在创新创业实践过程中,能够培养他们的创新创业思维和品质,进而使他们练就出创新创业能力。那么如何增强我国高校创新创业教育的实践性呢?如果没有创新和创业的基础(平台),这是不可能的。目前,教育活动形式单一、缺乏实践平台是严重制约我国高校创新创业教育发展的主要因素。高校迫切需要整合各种资源,加强创新创业实践平台的开发,为学生提供保护创新创业实践的平台。高校可以从以下方面着手来建立大学生创新创业实践平台。

第一,利用创新创业基金举办形式多样的实践活动。高校开设创新创业基金能够帮助大学生摆脱创新创业过程中的资金问题。高校不仅可以依靠校内自筹资金,还可以寻求校友会和企业的帮助,三者一起努力来设立创新创业基金。在此基础上,高校可以举办涵盖面广泛、形式多样的实践活动。

利用创新创业竞赛平台有助于培养学生的创新精神、创新意识和创新创业能力。这里简要介绍一下学科竞赛的有关内容,学科竞赛可分为国家级、省级、校级三类。国家级的学科(创新创业)竞赛具有非常强的社会影响力和权威性,各省、学校也结合自身情况,举办了多种多样的省级、校级学科竞赛或选拔赛。这就对高校提出了有关要求,高校应制定《学校学科竞赛组织管理办法》,挑选相关领导和优秀教师组建学科竞赛组织领导小组,合理利用创新创业基金,制定激励师生积极进行创新创业的政策,激发师生参加创新创业竞赛活动的热情,营造良好的学科竞赛氛围,让学生互相学习,提高创新创造能力。

高校能举办创新创业计划书设计大赛,就创新创业相关政策和流程提供指导,定期组织创新创业经验分享交流会,针对学生在实践中面临的普遍问题讨论解决办法;举办创新创业知识讲座,在强化学生创新创业理论知识的基础上,对其实践能力进行指导;举办创新创业项目模拟大赛,综合考查学生的创新创业能力和技能。

第二,加强创新创业实践基地建设。高校建设创新创业实践基地最直接的目的是为大学生提供创新创业的场所,使他们能够应用所学的创新创业理论,拓宽视野,激发创新创业的意识和热情,培养其实践动手能力,进而提高创新创业的素质。高校有各种形式的创新创业实践基地,如科技创业园和企业孵化基地。建设过程中,应以国家重点实验室、国家开发实验室、国家工程(技术)中心、省级重点实验室、学校科研实验室、学校专业实验室等各类实验室为平台,并让全体学生参与进来。

第三,建立校内外实践平台。促进高校和企业在多方面进行合作,让学生能够进入企业体验真实的创新创业环境,并了解企业生产和管理的主要方式。借助校内工程训练中心、校外实习企业等校内外创新创业实践平台,有助于培养学生的团队合作意识,习得创新创业技能。大学生有机会到合作企业实习,能够在企业为他们制订的培训活动中,边学习、边实践、边创新,有机会同企业的技术人员和管理人员交流,这对他们创新创业技能的提升大有裨益。

五、资金保障

从大学生创新创业的现状不难发现,启动资金和后续资金不足是阻碍创新创业活动发展的一大因素。资金在高校创新创业教育实践中占有重要地位,这些资金为教育、咨询服务以及创新创业奠定了基础。投资和资金管理直接影响创新创业教育的有效性。国务院办公厅《深化高校创新创业教育改革实施细则》明确了财政保障的相关内容。一方面,统筹发展和社会资金,优化高等教育支出结构,盘活现有资金;另一方面,建立学生创新创业培训激励基金等措施可以与额外资金相结合。这也表明政府非常重视大学创新创业教育的融资机制。

第一,加大财政拨款。地方高校经费来源的主要渠道是地方政府的财政投入,一些地方高校发挥特色学科优势积极争取国家和社会的资金支持,但各地方高校之间存在巨大的办学经费差距。虽然越来越多的地方政府开始认识到创新创业实践的重要性,但在创新创业实践中的资金支持力度较为不足,不能保证创新创业教育实践活动的可持续开展。因此,地方政府应加大对高校经费的财政支持力度,并拓宽经费来源,鼓励各种社会力量积极为高校创业教育的开展提供资助。

第二,统筹创新创业教育资本。进行高校创新创业教育,政府的作用十分关键。政府规划并制定配套的法规和政策、确定发展规划和目标、加大财政拨款、完善办学条件,为高校创新创业教育的顺利开展提供了支撑。此外,政府还应加大对高校创新创业教育的统筹,促进社会资本的合理优化配置。在地方政府的统筹下,充分发挥社会力量的作用,推动创新创业教育的健康、可持续发展。因此政府应颁布相应的财税优惠政策来鼓励多种社会力量参与到高校创业教育中。

创新创业教育的资金保障应从量和质两方面进行。没有资金支持,创新创业教育就无法提供所需的资源,也不利于举办相关活动。高校可以试着从以下方面着手,实现合理、充分地使用创新创业教育资金。合理利用政府设立的创新创业教育专项资金,结合当前投资领域的发展,可在设立创新创业基金的过程中选择较为成熟的投融资方式,如PPP的投融资模式,尽可能地发挥各方优势,协调各方利益,使投资有不竭的动力。

第三,建立科学合理的社会资金引入和管理机制,合理分配资金。例如,高校应加强同用人单位间的合作,还应倡导社会组织和企业设立风险投资基金,为大学生创新创业给予资金支持。

第四,利用金融贷款的杠杆优势,设立用于大学生创新创业的专项贷款项目,加强对大学生创业小额贷的支持,扩大贷款的适用范围,让大学生在创新创业过程中能够真正地享受到相关优惠政策。同时,高新技术企业服务中心(技术孵化器)、生产力提升中心、重点实验室、工程技术研究中心等各类技术创新和服务平台,要为技术创新和学生创业服务,优先支持相关的科学和技术解决方案。

六、政策保障

当前,社会对大学生创新创业越来越重视,国家和各级政府纷纷出台了一系列优惠政策,保护学生创新创业。这在高校创新创业教育体系的实践中发挥着倡导和扶持的作用,高校进行创新创业教育、大学生进行创业实践,都离不开国家和各级政府制订的相关政策的保障。如果没有国家政策法规的支持,创新创业只能成为一种教育形式。近年来,我国在大学生创新创业领域出台的各种政策,大致可以进行如下划分:

第一类,简化注册流程。

第二类,小额信贷服务。

第三类,减免行政性费用。

第四类,免费保存个人档案。

第五类,获得更多公共服务。

政府相关部门在制定政策和指导方针时,不仅要从促进学生就业的角度认识高校创新创业教育,还要考虑市场经济需求,为学生创造良好的创新创业环境,并提供优惠的扶持政策。结合社会现状扩大政策的适用范围,让大学生创新创业者可以真正地享受优惠政策的便利。通过借鉴国外的创新创业政策不难发现,建立大学生创新创业政策体系,不仅需要充实的创业政策理论做指导,还需要观察和分析创新创业过程中涉及的要素和不同环节。有了科学合理的理论指导,可以使制订的政策存在内部联系并且是较为完整的整体。政府有关部门应多考察创业企业当前的创业形势,综合考虑创新创业意识、品质、能力等方面,制订具体的扶持政策,从而为大学生进行创新创业给予更加精准的扶持。为了给大学生创新创业提供有力的政策保障,可以主抓以下几方面。

第一,强调创新创业政策在创新创业过程中的促进作用。当学生开始了解有针对性的创新创业指导体系时,他们必须立即传播国家创新创业政策。在学习创新创业实践的过程中,高校必须继续宣传有关政策,使学生能够解决国家创新创业政策的关键问题,感受到国家对创新创业的大力扶持,从而不断增强创新创业信心。大学生通过学习创新创业课程,对国家促进创新创业的有关政策了如指掌,减少了因为不够了解相关政策而丧失创业机会。因此,高校必须通过各种方式为学生提供相关扶持政策,以增强他们的政策意识。

第二,完善创新创业政策服务功能。政府制定了适当的优惠政策,鼓励学生创新创业,实际上是为他们提供资金、技术等相关便利条件,为创新创业创造了有利条件。因此,创新创业政策符合学生的利益。然而,在众多政策当中也存在一些指向性不明确的问题,阐述得比较泛泛或不利于实行,这会降低政策的执行程度。政府应更多地考虑大学生创新创业的实际情况,制定更有效的创新创业政策,让更多具有创新创业能力的学生获得真正的政策红利。

第三，相关政府部门应加强对创新创业政策实施情况的监督。制订的创新创业政策再好，若不真正地落实，也不能帮助到创新创业。因此，相关政府部门必须监督政策执行情况，在创新创业领域为大学生提供切实支持。学校应根据政策要求，结合实际积极落实，同时实行信息公开透明，做好资金支持，建立与学生创业道路齐头并进的制度和保障。

七、环境保障

校园创新创业的文化环境是高校通过长久以来的教学所积淀、整合、提炼形成的，在校园内普遍应用并且有助于进行创新创业活动的各种基本观念、价值取向、学术环境、创新氛围、创业风气和行为规范等的综合。目前，我国高校的创新创业文化氛围欠缺，应从以下方面着手为其提供环境保障。

（一）构建社会创新创业舆论环境

为了更好地进行创新创业教育，就需要构建适合培养创新人才的社会环境。中国几千年来的传统文化影响着社会生活的各个方面，当然也包括创新人才培养。对传统文化的态度不应全盘接受，而是要继承和发扬其优秀部分，剔除掉不符合时代发展的观念，为社会营造开放、宽容、鼓励创新的社会氛围。还应借助多种舆论方式推动全社会完善目前的人才评价体系，将创新放在重要地位。

追求真理、知识、创新、差异和现实是一种积极而雄心勃勃的科学精神，应该鼓励学生以创新精神和克服陈规定型观念发展。创新创业本质上是一项复杂而困难的活动，因此，有必要为学生的创新创业创造一个自由的环境和包容的氛围。鼓励学生积极进取创业，鼓励他们创新和失败，总结失败经验，不断撬动汽车创新创业的质量，并愿意承担风险。培养对困难的恐惧和毅力，促进学生创新思维的有效发展。

从当前创新创业教育的发展来看，对该方面的研究和推广通常是由教育部门进行的，高校更是成为了主要执行者，而社会的其他机构对这方面的关注比较欠缺,而仅靠高校的努力是远远不够的。此外,不同地区所开展的创新创业教育并不均衡,有些地方发展势头强劲,有些地方并没有产生什么水花。因此,为了大力发展创新创业教育,应在政府的引导下,以高校为中坚力量,全社会参与进来。要充分借助不同的传播手段,在全社会推广创新创业教育,将"敢于创业,创业光荣"融入社会生活,为创新创业教育创造有利的社会环境,为创新创业发展创造肥沃的社会土壤。

（二）营造校园创新创业舆论环境

高校应最大限度地发挥媒体资源的传播优势,宣传创新创业教育对学生的重要性和价值,推广创新创业领域的成功人士和知名企业,开展科学宣传,探索未知,大胆冒险,大胆创新。例如,学校公告牌、电子屏幕、广播、校报等广告平台,以及校园网、微信、微博等新媒体都被用于广告。为了提高高校创新创业活动的效率,通常采用以下方式。

第一,建立有专一用途的创新创业网站、展示窗、长廊、报刊等,普及创新创业理论知识,及时发布创新创业相关政策信息,分享创新创业心得体会,树立创新创业代表。

第二,定期或不定期举办创新创业专题论坛,邀请校内外有创新创业丰富经验的人士与学生交流,使学生能够学习更多创新创业实践经验。

第三,组织展览、表演展览和商业展览,组织学生参加"大学生挑战杯""'互联网+'大学生创新创业大赛"等各类创新创业竞赛,引导学生养成创新创业精神,激发学生的创新创业热情,加强团队合作意识,多进行创新创业实践。

第四,高校借助各种媒体实现宣传目的,向社会受众传播高校在创新创业领域取得的成绩,如创新创业大赛获奖、创新创业项目取得重大突破等。

（三）家庭的支持配合

对于大学生来说,家庭是他们的坚实后盾,为他们的成长提供了必须且重要的经济和精神支持,对他们世界观、价值观和生活方式的形成和发展产生了深远的影响。大学生能够主动参与创新创业实践项目不仅取决于他们自己的创新精神、创业意识、知识、素质和技能,更离不开家庭给予的合作和支持。家庭背景在潜移默化中影响着学生的就业前景、创业前景、创业素质和创造性人格的养成发展。当然,家庭成员特别是家长对大学生进行创新创业采取的看法也影响着创新创业实践效果。如果家长十分支持大学生的创新创业行为,这会使他们从心底产生饱满的热情和极大的信心。反之,在创新创业实践中面对挫折,他们会变得更加脆弱,容易被困难打倒。因此,学校应积极努力支持学生的家庭,特别是他们的父母,并与他们合作创业,充分考虑家庭教育的作用。

影响家庭支持学生创新创业实践的因素体现在以下方面:第一,落后的思想观念,认为孩子上了这么多年的学,本希望可以找个高薪的工作,最后却是自己创业,怕被周围人议论,说孩子学习成绩差,没出息;第二,资金问题,孩子上学家庭投入的已经很多了,若还要创业,还会需要更多的资金,这给家庭产生了经济压力。对于家长的这些担心和想法,创业导师、辅导员和就业创业中心的有关人员应借助合理的方法与学生家长多沟通,向他们介绍创业的重要性和国家制订的各种优惠政策,帮助他们摆脱狭隘的传统教育观、片面的职业观和过时的人才观等,逐渐认同大学生不仅可以求职,还可以为社会提供就业机会,能够认识到高校创新创业教育的重要性,自觉地支持对孩子创新素质的培养,给予孩子更多的锻炼空间。此外,社会或学校必须加强与家长的联系,为观念和意识相对落后的家长提供培训,确保学校创新创业和家庭教育之间的有效联系。支持学生和家长获得创业贷款,最大限度发挥家长合作和支持的作用,促进创新创业教育的积极发展。

总体而言,我们需要为创新创业提供国家保障,要大力发展传媒产业,充分调动社会和民间力量,迅速形成全国创新创业教育高峰,将我国创新创业教育提升到一个新的水平,有效服务于社会主义市场经济的建立和完善。

第二节　高校创新创业教育的管理机制

高校获得根本性发展的直接动力要属创新,只有借助创新才能从根本上激发出学生的创业意识,培养他们的创业能力。这就需要对高校的创新创业教育管理体制加以研究。

一、教育教学管理制度

高校制定的教学管理制度对创新创业教育和大学生创新能力的培养均有不同程度的影响。随着创新创业教育的日益普及和不断发展,逐渐发现高校的教学管理制度并不完善,不能适应和满足高校教师和学生的客观需要,必须满足社会的发展、把握新情况,进行一系列调整。在高校建设与发展的过程中要加强教学管理制度的创新,应做到统一性与多样性的结合、刚性与柔性的结合,实行人本化的管理理念,同时在其中融入柔性管理,高度尊重学生的独立人格,充分发挥他们的自主性、创造性,发展他们的创造性思维,培养创新创业精神和能力。建立创新创业教育教学管理制度通常从如下方面着手。

第一,创新创业课程设置,建立有校本特色的教育机制。开设创新创业系列课程,具体包括创新创业理论课程和实践课程;充分发挥学校主阵地、课堂主渠道的重要地位,实现创新创业教育与专业教育的有机融合。将培养具有创业精神、创业素质的人才作为目标,不能仅停留在培养学生的创业能力方面,编订具有权威性和标准型的相关教材,建立适用于高校教学环境、教学资源的培育模式和教学制度。

第二,创新创业学分制定,改革和完善学分制教学管理制度。致力于促进学生个性发展和创新潜力的开发,实行灵活有效的学分制度,使学生在进行创新创业理论学习和实践方面能够发挥自己的主观能动性,助力大学生的全面发展。

第三,创新创业师资队伍建设,学校要积极开发和利用校内外资源,打造一支现代化的专业化创新型教师队伍。高校和企业开展多种形式的合作,聘请企业中创业经验丰富的管理人员到学校授课,组织各种主题活动,培养大学生自主学习和进行创新创业实践的能力,为大学生未来进行创新创业做好充足的准备。高校要坚持"送出去"与"请进来"、专兼职相结合的原则,切实加强高质量教师队伍建设,形成一支专职和兼职、理论和实践相结合的高水平的创新创业教师队伍。

第四,创新创业实践平台建设。高校应推进大学科技园、创业孵化基地等创业实践平台建设,为大学生创新创业提供实践场所,改变大学生创新创业实践机会过少的局面,为有创业意向的大学生提供政策咨询服务、创业指导。在实践教学中融入创新创业教育教学,借助不同的实践活动,如实验教学、实习实训、创新创业竞赛等,开展创新创业教育,强化学生创新精神和实践能力的培养。

二、政、产、学、研合作机制

"政、产、学、研"实际上是政府、企业、高校、科研机构这几个创新主体。政、产、学、研合作是四个主体形成横向协同、同步推进的工作局面,促进创新创业发展,为创新创业教育给予全方位的有力支撑。高校拥有科技领军人才、青年科技人才等高层次人才以及教学教育设施、科学研究器材等,其为企业发展壮大的必备条件;科研机构有很多研究人员、实验室、实验器材和突出的科技成果,这有利于促进公司的正常运行及开发高精尖产业。当前企业拥有各类专业人才,还有具有管理与研发技能的综合性人才,对于高校和科研机构来说,也应加强培养和吸收相关人才。目前创新创业教育方面出现了各类问题,如政府优惠政策落实不到位、缺乏配套资金、社会力量参与程度不足等,为了解决以上问题并加强政、产、学、研合作机制可从以下方面着手。

第一,完善顶层设计,突出政策引导,推进政产学研深度合作。鼓励高校、科研机构和企业开展形式多样的项目合作,如设立专门建设基金、共建实训基地、召开对接会,达到资源共享、项目合作、技术交流和人才互通的目的。努力探索创新创业教育合作的新方式,完善创新创业教育制度,大力支持高校教授、科研机构和企业的科学技术人员到企业、高校兼职,共同推动创新创业人才培养。

第二,通过多种渠道进一步加强政府、企业、高校、科研机构的交流合作,探索新型的课堂教学内容及方法。持续推进政产学研合作,能够彻底颠覆封闭式、单一性、理论性的课堂教学形式,通过座谈会、访问、沙龙等方式实现课堂讲解的部分功能,打造高校、企业、科研机构三位一体的创新创业课堂。

第三,从政府、企业、科研机构入手充实高校创新创业教师队伍,开展丰富的创新创业培训。建立政府、企业、高校、科研机构的协同培养教师机制,从这些机构中选取优秀的技术人员和专业教师,组建成高水平、专业化的创新创业教师队伍。

第四,建设创新创业教育实践基地,建立并推进校企协同育人机制。开展形式多样的校企合作,共建双创实践基地,如建立创业实训基地、创业园、重创空间等,从实践场地、资金方面对大学生创新创业基于一定的扶持,大幅降低创业成本,促进项目落地实施。

依据政府的有关政策方针,企业、高校和科研结构密切联系合作,推动资源的全面、深层次融合,充分发挥企业、高校和科研机构各主体在创新创业人才培养方面的优势,齐抓理论教育和实践教育,从这两方面进行人才培养。创新创业教育过程涉及的主体和因素较多,是十分复杂、多元、长期的系统性工程,应由高校、政府、科研机构和整个社会一起努力、相互合作,创建有利于开展创新创业实践的社会、文化、资源和制度环境,进而推动创新创业教育全面、健康、可持续发展。

三、构建全链条的创新创业教育新模式

高校应在对本校教育开展综合分析的基础上,全面开展和深化创新创业教育,努力推动传统教育模式发展为现代教育模式,将创新和创业确立为人才培养目标,例如,促进创新创业教育与专业教育的深度融合、在基础课程中渗透创新创业思想,结合高校自身的发展实际,在教育教学过程中探索适合本校教育环境、教学资源的人才培养模式和教学模式,在教学中传授给学生创新创业理论知识和技能,积极开发大学生的创新思维,培养和训练创造能力,扎扎实实地打下创新创业实践基础。

将培养大学生创新创业能力作为导向,高校有关部门必须严格制订有关制度并落实好,保证制度的实用性和导向性。建立促进学生、教师发展的评价体系与激励机制,采取一系列措施来鼓励和支持学生开展各

类创新创业活动,如制订与落实科研发展基金管理办法、建立奖惩机制等,将教育重心放在开展丰富的教育教学活动上,发展学生的个性化,提高学生进行创新创业学习的主动性和积极性,使大学生成长为拥有创新能力的新一代。创新创业教师应积极参与指导大学生科技创新活动,并利用"定性"与"定量"相结合的方式对教师教育进行考核,一方面对教师指导获奖作品予以评优,另一方面衡量教师的指导工作量,这是教师年度考核、职称晋升的基础条件,能有效激发教师的创新创业教育积极性和创新能力。

四、深化高校教育改革

为了夯实大学生创新能力的基础,离不开全面深化高等教育改革的支持,需要培养大批顺应市场经济发展的创新型人才,但改革不可能一蹴而成,需要一段时期的发展,这亟须培养创新型人才,高校应大力支持大学生参加课外创新创业实践,推动创新型人才的培养。开展科技实践活动应综合分析多方面因素,而且过程中会面临各种问题,为此,高校需要建立专门的机构及时处理各类问题,由院领导班子带头,有关部门机构创建领导小组,处理好繁杂的日常事务,积极解决各类问题。与此同时,高校应当注意到科技实践活动需要一定的经费支持,例如,课外实践活动、采购一起设备等,高校应制定具体的举措,可以将教师教学经费、学生课题经费和科研经费的一部分用于开展科技实践活动,及时维护、更新使用的仪器设备,重视实践活动场地建设,引导大学生在科技实践活动中充分发挥它们的利用价值。当今,已有不少高校在摸索新的创新创业教育的管理模式,例如,对实践活动和科技研究进行独立评估,依据学分制考核学生,学分达到一定要求才能毕业;在实践活动或科技创新中成绩优异的学生可以申请免修相关课程。

五、系统性构建创新创业教育工程

创新创业教育不能仅依靠高等教育,应从基础教育阶段抓起。这就对学校提出了新要求,需要彻底变革人才选拔制度和入学考试制度,高校在其中起到了关键作用,应持续推进大学生创新思维和创业能力培养。创新思维和创业能力是保障大学生就业和创业取得良好结果的关键因素,高校要做到将创新创业教育充分融入教学体系,加强思维能力和创新方式的培养,得到一套较为固定的教育宗旨,该宗旨能用在教学的不同阶段,提升教师在创新创业方面的教学能力,进而促进学生创新创业能力的发展,又由于当前全国的就业形势较为严峻,便可以激发学生的创业热情。创业教育是一项复杂的系统工程,需要整个社会的参与,一定要以政府为引导,以高校为重点,出台支持大学生自主创业的一系列政策,从各方面提供优惠和扶持。

六、遵循以国家利益为己任的教育中心

高校创新创业教育要强调以国家利益为己任。不少高校毕业生选择创业的主要目的都是为了追求经济效益,把个人利益放在社会和国家利益之前,并没有重视为国家和人民做些有益的事情。为了国家和民族的发展选择创业的创业者较少,这种现状并不是我们愿意看到的。在高校创新创业教育中一定要让大学生认识到,创新创业教育必须将国家和民族利益放在重要地位,让学生提高创新创业能力的同时具备高尚的人格品质、较强的社会责任心。过去的大学生普遍认为,创业是一项充满挑战和风险的事业,即便创业成功,守业更难。而在社会不断进步、经济飞速发展的当今社会,越来越多的年轻人选择了创业这条道路,事业靠守是守不住的,只有不断进行创业才能促进事业的持续发展。

七、进行综合素质培养

改革开放以来,中国经济与世界经济接轨,我国与世界各国的联系更加密切,中国的发展与世界的发展是密不可分的,因此,在高校创新创业教育中必须要提高大学生的综合素质,以在国际竞争中接受全球经济发展的考验。

第一,必须掌握常用的科学研究方法,在日常生活和工作中利用掌握的信息来解决各种问题。具备坚实的理论基础和丰富的实践经验,既要保证广度,也要具备一定的深度。应拥有受过良好教育的人应有的素质修养,例如,健康高尚的审美观、敏锐的观察力和判断力、自信心和强大的心理承受能力,以及丰富的人文素养、积极向上的价值观、良好的语言表达能力和沟通协调能力。上述素质在现在的教育目标下大体能

够实现,不过,仍采用当下的教学模式开展教学,并不完全符合全面性、能力性与创新精神共同发展的目标。

第二,通过分析高校现状可以发现,阻碍高校进行模式创新、教学方法创新的主要因素为考试和成绩。不论以哪种教学模式和教学方法开展教学,对学生进行课程学习成果考核仍沿用传统考核方式,以分数的高低来评价学习效果。因而,其本质与传统教学还是一样的。加强大学生综合素质培养的过程中会遇到各类问题,为了提高教学效果,可采用以下方法,例如,问卷、访谈、观察、实践活动等,学生还可以进行设计和研究方面的实践培训,利用创新创业平台提高和摸清大学生的心理素质。通过以上方法能够有效提升大学生综合素质,但在上述教育模式下是无法实现的。因此,必须努力研究、探索和尝试打破传统教育模式、教育方法的新型教育模式和教育方法。这种新的模型和方法应该强调知识的完整性、相关性和基础性;重视能力发展;特别强调培养创新和探索的精神。

八、我国高校创新创业教育管理机制实例

在政府的大力支持与倡导下,我国高校创新创业教育进入了多元发展阶段,越来越多的学生想尝试创业。高校创新创业教育逐步探索建立了符合自身特色的教育管理机制,并取得了一些成就。

(一)"双课堂"交互融合模式

中国人民大学将创业教育与素质教育紧密结合,提高学生的创业意识和技能。在开展第二课堂的过程中也进行第一课堂,完善创业知识结构体系,不断增强学生的创业意识,全面提高大学生的综合素质和能力。

第一课堂应将教学方案与教学实践相结合,提高选修课在所有课程中的比例,增加学生在课程选择方面的主动性,推动教学方法改革,积极推广参与式教学方法,改革考试制度,打开学生的创新思路;第二课堂不能以功利为导向,应引导、鼓励学生创造性地参加社会实践和公益活动,召开创新创业教育讲座、"管理之星"大赛,依托专业特色,建立由

项目和社团带头的创业教育实践团体。

（二）"创业、管理、培训"一体化模式

北京航空航天大学成立了创业管理培训学院，负责协调管理学校的创新创业教育，并设立了创业基金，为学生创业项目提供资金支持。近年来，北航建立了一系列务实的创业培训与实践平台，如创业管理培训学院、科技园、科技孵化器等，营造了良好的创新创业氛围；提供技术创业选修课程，提高大学生的创业意识；聘请有丰富实践经验的企事业管理、技术人员进行授课，在课程教学中分析、解决创业实践问题；发挥自身具备的有利因素，设立创新创业基金，帮助大学生解决创业过程中可能遇到的资金短缺、空间有限，发挥企业家校友的价值，聘请成功的"校友"企业家担任大学生的创业导师，使大学生从中吸取宝贵经验。

（三）综合式创业教育模式

上海交通大学构建了综合式创业教育模式，不仅要培养大学生的创业理论知识水平，也应多多注意培养大学生的创新精神，提高创业意识。上海交通大学专门设立了创新创业资金，实施"PRP"计划，高度重视支持和指导创业类社团建设，积极实施与国外高校的企业技术转移项目，打通创新创业渠道。

（四）"四位一体"创业教育学院模式

黑龙江大学建立了"四位一体"综合创业教育学院，包括评估办、推广办、创业教学基地和注册培训基地，为创新创业教育的发展提供组织支持，旨在培养高素质、复合型创新人才，运用不同的方式推进教学改革，在创新创业领域设置适当的学分，使学生能够参与创新创业实践并获得学分。在创业活动中取得优异成绩的学生可以不受学分限制，直接毕业。

目前，针对我国大学生的创新创业教育课程大多是必修课或选修课，再加上报告、讲座、论坛等活动，进一步增强学生在创新创业领域的意识和主动性。

第三节　高校创新创业教育的协同机制

一、高校创新创业教育教育协同机制的发展现状及问题

（一）高校创新创业教育教育协同机制的发展现状

随着我国经济的飞速发展，我国的经济结构和市场参与者产生了巨大变化，在传统企业保持稳步发展的同时，一些新兴行业对高校人才培养提出了更高的要求。考虑到复杂的就业形势，高校与政府、公司和科研机构开展了全方位的合作，共同目标是培养满足社会需求的高素质人才。改革已成为由社会经济发展驱动的必要途径。从我国高校现有的创业教育"四元协同"模式来看，一般可分为三类：科研类协同模式、合作类协同模式以及链条式协同模式。

1. 科研类协同模式

科研类协同模式主要特点集中在科学项目上，高校可以创建由科研教师领导的研究项目，学生参与，并由相关政府部门、科研机构和企业给予资金、技术和经验扶持。这种模式下的科研项目通常以课堂、比赛、实验等形式进行。以广东海洋大学为例，其建立的科研类协同模式不仅包括现有的高质量课程、项目研究、实习培训等内容，还包括参与合作的政府、企业和研究机构。

科研类协同模式的主要优点是其具有较高的专业性，尤其是在金融领域。这种协同模式下的教育可以将市场经济发展现状与教育结合起来，与高校的理论研究一起构成创新的教学体系，这种方法对优化"四元协同"创新创业教育的教学效果具有一定的推动作用，还有助于大学生达成自己的价值观和目标。

2. 合作类协同模式

合作类协同模式的主要特点是高校、政府、企业和科研机构之间进行合作时的明确分工，一般的，此种模式开展的项目是根据金融市场的发展趋势制定的，目的就是达成合作伙伴的合作目标，实现各方的利益和价值。项目通常来自企业或政府，合作的具体模式为企业或政府以项目的方式将需要的技术委托给高校与科研机构，进行合作研发。

这种合作方式不仅满足了企业或政府任一方的需要，还解决了高校的技术不足，与科研机构共享资源，互惠互利。从合作时间的角度来看，合作类协同模式通常侧重于长期合作，利用大量成功的科研成果帮助公司快速实现规模经济，并在金融市场中通过低投入实现高回报。

3. 链条式协同模式

与上述两种协同模式相比，链条式协同模式更复杂一些。在链条式协同模式中通常会建立多个子系统，确立共同的利益和各子系统各自的利益，在协同链条中，不同的子系统扮演着各自的角色。高校是一个子系统，在其中发挥着培养人才、输送人才的作用，使大学生享受到创新创业的受教育机会和就业创业机会。政府作为一个子系统，发挥着组织架构的作用，再抓住项目的具体需求和特点，选出较为适合的高校、企业和科研机构一起推进。链条中的其他子系统如企业、科研机构也有各自的职责，企业为该项目给予资金等物质方面的支持，科研机构为项目给予技术支持。对于链条式协同模式教育协同机制来说，每个子系统都是非常重要、不可或缺的。

（二）高校创新创业教育协同机制的问题

近年来，由于受多方面因素的影响，大学生在就业、创业方面遇到了多重挑战。为了有效地帮助大学生解决面对的一系列问题，高校应对教育教学方式进行一些调整，例如，在教学中重视"四元协同"创新创业教育，让学生和企业直接沟通或到企业实习，摸清现在的企业对人才的具体要求，从而有助于大学生有针对性地完善自己各方面的能力。不过，现有高校双创协同教育机制中出现了各类问题，主要包括如下几点。

1. 协同机制不够完善

在协同理论层面,高校创新创业教育的协同机制有待进一步发展。在创新创业平台层面,建立的高校创新创业教育平台存在诸多问题,建立的理论体系相对完整、成熟,建立的实践教学项目仍远远不够,大学生不能在创新创业平台中参加相应的实践。在"四元协同"层面,高校、政府、企业和科研机构共同合作的稳定性较为欠缺,特别是在经济较为落后的地区,项目中的企业通常规模较小,自身发展有一定风险性,不能持续地提供充足的项目资金,会阻碍"四元协同"创新创业教育的发展。

2. 协同资源分配不均

现如今,我国不同高校的创新创业教育协同资源分配不均衡。我国地域辽阔,不同地区的经济、教育发展存在差异是摆在我们面前的事实。在师资方面,教育水平发达的地区有大批"双师型"教师资源,教育水平低下的地区可以开展产学研综合教学的"双师型"教师资源明显不足。这就导致教育落后的地区不容易培养出拥有高级技能的人才。此外,教育落后的地区开展的合作项目也较少。近年来,我国的经济环境受到了一些因素的阻碍,产生了巨大的改变,这严重影响了高校、政府、企业和科研机构这几方的合作,也就造成许多项目不能实施。

3. 协同主体合作契合点较低

分析高校协同机制不难发现,各协同主体的合作契合性较差。要想让"四元协同"项目圆满进行,必须让高校和企业设立一致的努力方向。高校、企业、政府和科研机构是互相独立的、有不同性质的主体。高校进行创新创业教育是为了向社会输送高素质的综合性人才,有力地推动经济社会的健康发展;企业是为了获得更大的经济利益;政府则是为了得到的科研成果能够极大地推动地方经济的发展;科研机构则是为了取得科研成果,从而积累更多科研经验。从这个角度来看,每个主体的目标并不一致,很难找到合适的努力方向,这在一定程度上阻碍了高校创新创业教育协同机制的完善和实施。

二、高校创新创业教育的探索与发展

（一）共同愿景下机制的建立与完善

协同机制中的主体建立起共同的利益和价值观，产生共同的愿景，在此基础上建立与完善协同机制。也就是说，利益和价值观念是高校创新创业的内驱力。具体来看体现在以下方面：第一，对创新创业协同体系有影响，从而会干扰主体做出的决策和实施；第二，会影响主体具体的实施方法。这就需要对系统中的每一个主体进行科学定位，使每一主体都能最大限度地发挥其优势。

政府高度重视对各个方面的引导，为大学生创新创业创造了有利的环境。此外，政府给予的可持续发展的支持要求高校将创新创业作为发展的重要组成部分。

同时，不同主体会有不同的利益诉求，为了实现各自的利益，所做出的的决策也会各有不同，表现出利益分化。例如，企业一味地追求高效地成本收益，高校重视学校利益和学生创新创业产生的利益。因而，必须要建立起完善的利益激励机制。在目前我国经济的发展态势下，越来越重视政府与高校的协同。政府大力建设融合平台，从而营造出便于高校进行资源交流的环境，让高校在创新创业中取得的成果有机会投入市场，这也对企业发展产生有力的促进作用。除此以外，企业还应挖掘创新创业成果的使用价值，使其为经济发展助力，有利于提高当地人民的生活水平。也就是说，高校不但离不开政策的保障，还应该为市场需求服务，为社会培养出高素质的创新型人才，使高校和企业达到一体化，为企业注入更多创新能量，促进企业增加自身利润的同时能够回馈社会。

（二）主体资源的优化与共建

在目前我国的经济发展态势下，高校"四元协同"创新创业系统的重要成分——子系统，应尤其重视在创新创业教育方面的能力培养，创新创业网络课程是重要因素。如今的网络课程存在诸多弊端,如内容不完整、缺乏专业性、实施方面比较薄弱、外部环境复杂,若想全方位地满足大学生的不同需求,应对高校和企业两者的创新创业教育资源加以优化、整合,建立综合性的网络平台以便于高校创新创业教育的可持续发展。

在这种情况下,有必要优化和整合高校的课程资源,吸引具有创业和创新教学经验的教师,研究和改进创业和创新的教学方法,以适应复杂和不断变化的环境。同时,与该公司的合作应基于当前事件和高校的需求。例如,抓住后疫情时代的特点,针对双创风口开办讲座,利用新媒体创建一门与新技术相结合的课程,以满足各种复杂的需求。

在平台方面,我们高度重视实践,将课程开发与企业生产相结合,通过高校与企业的全面融合,为学生的创新创业需求提供有针对性的服务。除了注重实践之外,同样重要的是注重理论,因为两者是相辅相成、相互融合的。

(三)协同主体的制度安排

为了有效地应对疫情带来的一系列挑战,需要从制度入手开展创新创业,清晰地明确利益和价值认知,在此基础上建立一个新的制度体系,将其作为组织和个人的行为规范。这个概念的提出是针对疫情所影响的外部环境,在此基础上进行创新,同时也是创新创业的重要保障。高校作为创新创业教育体系的主体,在制度创新创业过程中具有优势,这表现在以下方面:第一,对于社会地位层面,高校在依靠制度双创取得相应的资源能力方面有得天独厚的优势,在政府有关机构的大力扶持下,发挥高校与企业双方高度协同的作用,再利用创业园高效的综合信息与资源融合服务,使高校大学生的创新创业活动可以顺利进行。第二,对于场域层面,政府有关机构制定适应时代所需的政策并监督实行情况,创业园融合有关信息和资源,企业对技术创新上的发展和完善,有助于帮助高校、个人更好地进行创新创业。随着目前社会经济发展的日益复杂化,市场的关注点也发生着改变,这直接造成新兴产业各种需求的增加,市场也会受到相关因素的直接影响。在这种有巨大优势的制度体系的引导下,高校大学生会形成一些处于时代前沿的创新创业理念和开展创新创业的内驱力。

（四）协同主体间的发展平衡

通过对当前社会经济发展情况的调查，不难发现，我国的社会发展遇到了各类问题的阻碍，高校所处的内外部环境也充满了挑战，大学生的创新创新也面临着更多高难度的问题。"四元协同"体系中的不同主体都对创新创业动机有了更深、更全面的认识，抓住了不同主题间在利益、价值方面的共同点，从而有助于各类问题的高效解决。其中，抓住不同主题的共同利益所在主要依靠的是协同。在新冠肺炎疫情过去之后，高校创新创业教育更是需要应对恢复与发展带来的各类问题，各主体应在认识自身特色的基础上充分挖掘自身优势，为高校创新创业教育的发展助力。具体来说，高校执行创新创业的实施工作，政府通过制定和实施有关政策发挥对社会大众的引导，企业满足创新创业产生的新的社会需求，创业园在其他主体行动的基础上取得创新创业成果。"四元协同"的主体存在着较大的差异，都具有各自的特性和便利之处，各主体所对应的子系统要充分利用它们各自的优势，尽可能地推动高校创新创业教育的发展。科技创新与经济发展是"四元协同"主体进行全部活动、取得成果的前提条件，不同主体最终得到利益的多少，与科技创新和经济发展有着密不可分的关系。因此，若要开展健康发展的创新创业教育，离不开"四元协同"主体的共同努力，有必要在理念方面进行明确，在目标一致的基础上进行筹划与实践。

第 四 章

高校创新创业人才培养的改革内容

所有企业、社会组织和个人都在创新创业的时代中奋勇前行,积极行动,形成了积极进取的社会经济发展氛围。到今天,创新创业通常指的是所有"新的价值创造和实践"行为,强调研究和应用,并利用知识和智慧造福社会和服务公众。作为当代大学生,要顺应时代发展潮流,不断激发自己的创新灵感,在创新创业中有所作为。

第一节　创新意识与创业精神的培养

精神与物质相对应,可以通过对人类行为进行调节和控制,进而改变和影响外部世界。意识、思维、情感、意志和个性是创新活动中必不可少的精神品质。其中,创新是创业过程中最为核心的。研究当下大量企业家发现,中国最缺乏的不是创业能力,而是创新精神。缺乏创新精神会阻碍创业能力的提高。

一、创新意识的培养

创新意识是一种能够引导人们从事创造性活动的心理动机。要想完成创造,创新意识是必不可少的。创新意识是当代创业人才必须具备的首要条件,创新意识就是用创新的思维方式处理问题,在实践中满足需求,运用新的思维模式创造出前所未有的新事物或新概念,并在创造性活动中表达想法。这是人类意识活动的表现,也是人类创新能力的前提。基于社会和个人发展的需要,以及积极探索的心理取向,表现出创造性的意图、欲望和动机,是人们创造性活动的起点和内在动机。创新意识是对创新价值和重要性的理解水平和程度,以及由此产生的对创新的态度,是人们以这种态度调节自我活动的精神状态。基于不同个体之间存在的差异,人们的创新也会受到他所拥有的社会地位、文化素质、情绪和兴趣的影响,这反过来又对促进创新起着重要作用。

创新需求、创新动机和创新兴趣是创新意识的三个重要组成部分。其中,创新需求作为创新的动力,能够激发起人们的创新追求;创新动机则是鼓励人们继续进行创造性活动的驱动因素,主要用于触发人们创造性活动,促进人们创造性活动发展;创造性兴趣是一种鼓励人们积极探索新奇事物的心理倾向。只有当大学生被强烈的创新意识所激励时,他们的创新动力才能够产生,进而建立创新目标,点燃创新激情。可以说,培养创新意识对大学生的好奇心和求知欲的激发具有重要意义。大学生好奇心的培养,也预示着其创新意识的萌芽,这是进一步培养创新能力的基础环节。发现问题的开始可以激励大学生在有问题时进行思考、探索和创新;培养大学生的兴趣是必要的,强烈的学习兴趣、质疑精神和求知欲是基础,对培养大学生的创造性思维能力和可持续发展能力十分有利。情感培养作为素质教育的一个重要方面,实施情感教育对大学生创新素质的培养有着十分重要的影响。创新意识可以促进人才素质结构的变化,增强人的内在力量,激发人的主体性、主动性和创造性的进一步发展,从而极大地丰富和拓展人的内涵。

一个良好的教育环境是支撑创新的必要环境,除此之外,要想让大学生的创新能力得到提高,还可以从以下几个方面入手。

(1)培养创造性人格。在人的后天活动中,人格逐渐形成,习惯和行为展现出来,如常见的处事原则、态度和活动方式。一般来说,具有创造性特点的人格主要表现为:高度的自主性和独立性,不守旧;思维灵活、敏捷;充满幻想,敢于大胆假设,敢于冒险,善于抓住机遇;具有坚忍不拔的毅力和科学的探索精神;强烈的渴望和好奇心,兴趣广泛。

(2)培养探索问题的敏感性。在新鲜事物面前,多学生往往表现出强烈的好奇心和敏锐的观察力,他们勤于动脑,善于思考,能够及时发现新事物的发展方向,抓住创新机会。一般来说,探索问题敏感性的培养方式包括:保持良好的竞争心态,在日常的学习和生活中积极参与竞争,在竞争中发现自己的不足,找到差距,不断提升自我。

独立思考能力是创新意识和创新能力的前提,缺乏独立思考能力很难在竞争中取得优势,因此养成独立思考问题、解决问题的习惯是十分必要的。同时,通过努力学习,加深对基础理论知识的掌握程度,并在融会贯通中化知为创、知为创用。

二、创业精神的培养

企业家精神是指企业家在主观世界中的创造性想法、创意、素质。激情、动力、适应性、领导力和雄心是创业的五个关键要素。作为创业的动力和支柱,创业精神是非常重要的一个影响因素,失去了创业精神,就不可能有创业行动,也不可能在创业中取得成功。因此,创业精神对创业至关重要。创业具有综合性强、立体性强、超越历史的先进性和鲜明的时代特征等基本特征。

大学生创新精神的培养，可以重点从以下几个方面入手。

（1）将思维能力培养放在关键位置。教师在实施教学活动的过程中，应尽量跳出书本的限制，将大学生思维培养放在关键位置，带领他们跳出思维定势。此外，高校教师还应重点关注大学生的创新思维能力，如逆向思维、换位思维等，尽力激发这些能力，争取培养更多的拥有创新能力和独立思考能力，能够用独特视角观察世界的年轻人。长远来看，创新精神和创新能力的增强是大学生未来独立面对世界的重要支柱。

（2）充分尊重大学生的人格。大学不仅在于传授知识，其更重要的一项任务是培养大学生的创新精神。在完成任务的过程中，教师要把尊重大学生的个性放在首位。人格发展是大学生培养的基础，也是创新人才的必要条件，还是获得新知识和新能力的开端和前提。创新思想是大学生创新活动的重要来源，充分尊重大学生人格是培养大学生的创新精神的基础，将充分尊重大学生的个性放在首位，才能让他们产生与众不同的创新思想。

（3）不断增强教师的创新精神。高校教师在大学生创新精神培养中具有重要作用，这些教师是否具有创新精神与此密切相关。因此，作为高校应将培养创新型教师队伍放在核心位置，要求教师具有创新精神，注重自我提升，不断加强学习，不断研究业务，不断提高专业水平，丰富和提高自己，向学生传授最先进的思想和知识。

（4）引导大学生自我培养创新精神。创新源于思想火花，人类思想火花的产生是随机的、突然的。随时记录下来，将极大地促进创新思维能力的提高。如果你坚持很长时间，你会形成一套独特的见解。大学生应该树立一种无所畏惧、敢想敢做的精神。只有这种精神，大学生才能勇于探索，坚持不懈地开展创新活动。一是坚信自己能够获得成功。人们相信什么样的结果，就会有什么样的成就，如果一个人不相信他可以做一件事情，那么他就不会去奋斗，也不会去追求。二是要有创业的责任感。创业者要肩负起创业的责任，既要为国家做贡献，又要为自己谋出路。三是创业者在逆境中要有一种不屈不挠精神，即使处于困境，也要奋起反抗，才有可能获得成功。在日常生活和学习中，大学生应积极培养怀疑主义和现实主义精神，不断增强自信心和好奇心。这对于培养大学生的创新精神也非常重要。

（5）培养积极的创业心态。拥有一种积极的创业心态，有助于创业者潜能的发现、激发、拓展和实现，从而使创业者在事业上取得成功，积累起巨额财富。积极的创业心态应该包含以下几个方面：一是创业激情高涨；二是清除所有潜意识障碍；三是克服艰难险阻，迎刃而上，将一切不可能化为可能。

（6）培养顽强的创业意志。创业意志是指创业者为实现目标而不屈不挠、坚持不懈的精神品质。创业意志主要表现为三个方面。一是要有明确的创业目的：如果目标都不明确，那么创业取得成功的可能性很小；二是决断果敢：不能优柔寡断，否则可能会错失很多机遇；三是具有恒心和毅力：创业是一项艰辛的活动，如果创业者内心不够强大，遇到困难就退缩，那创业注定会失败。

（7）培养鲜明的创业个性。成功的创业者，大都具有鲜明而又独特的性格特征：一是，具有冒险精神。创业的价值就是要创造出属于自己的独一无二的东西，创业者要敢于冒险，敢于走前人和其他人都没有走过的路。"敢于冒险"指的是创业者基于理性而做出的果敢决策，指的是在有信心的前提下敢于超越，指的是在面对新的事物时对新事物的不懈追求。二是专注。创业者坚持不懈地追求自己的目标，将自己的全部精力投入创业的活动中。三是独立自主。创作者在面对困难、遇到问题时，必须要积极寻找解决的方法，不能被外界的一切因素所影响。

第二节　创业团队的打造与管理

一、什么是创业团队

（一）对创业团队的理解

创业团队的内涵可以包含以下几方面：

（1）创业团队是一个特殊的群体。团队是一个有凝聚力的社会群体，由技能互补、愿意相互信任、有意识地合作、积极工作以实现共同目标的人组成。创业团队主要是由两人或两人以上组成的团队，但它与普通团队有很大不同。

（2）建立创业团队的目的是为了实现共同的创业目标和价值追求。目标以公司愿景和战略的形式体现，为团队指明方向。团队成员协作，为共同的目标和价值观而奋斗，形成强大的凝聚力，进而形成精神。

（3）创业团队分享利润和风险。共同的利益和风险不仅使创业团队成员能够互补，提高控制企业的创业能力，而且有助于形成强大的资源整合能力和获得多种融资渠道，降低新企业的失败风险，以及提高企业抵御风险的能力。

（4）创业团队的绩效大于所有成员独立工作绩效的总和。企业家之所以寻求团队合作，是因为团队成员在知识、技能、经验和人脉方面相互补充，通过协作创造"1+1>2"的协同效应。

（5）企业的高层管理团队在创业之初是整个创业团队的基础和初始组织形式。在企业成长的早期阶段，创业团队发挥了重要的作用，高级管理团队作为创业团队的延续，在整个企业发展中具有不可估量的作用。

（二）创业团队的作用

相较于个人创业，团队创业具有更多优势，对创业的成功起着举足轻重的作用，主要表现在以下几个方面。

1. 知己知彼，利于合作

对于优秀的创业团队而言，所有成员之间都应该是彼此非常熟悉的。一般来说，团队成员都是志同道合的人，他们相互信任和认可。团队成员在知识结构上存在概念一致性和相似性。领导者作为创业团队中的核心人物，在合作过程中，其远见、声望、勇气和果断等特质是被团队成员所认可的。这样，团队管理会自发地形成凝聚力，使团队合作更加高效和愉快。

2. 取长补短，各显灵通

一个优秀的创业团队应该各有所长，相得益彰，相得益彰。创业团队成员的互补性不仅体现在知识、技能、性格和经验上，还体现在资源、人脉、信息等方面。"三个鞋匠,一个诸葛亮。"正如新东方集团创始人俞敏洪所说,"一个人可以走得快,但一群人可以走得更远!"创业团队可以让企业获得更多的资金、技术、经验和信息,丰富创业资源。团队成员之间的互补性可以使企业更具创新性和竞争力。团队的作用将在很大程度上影响创业绩效。

3.群体决策,避免冲动

群体决策比个体决策具有更丰富的决策信息、更广泛的决策维度和更高的相对决策质量。此外,团队成员参与并尊重他们的意见,从而提高决策的认可度,避免个人冲动,降低决策风险。

二、创业团队的组建

(一)创业团队的组建原则

在创业的最初阶段,如何组建和管理团队是创业者面临的最大挑战,也是决定企业能否成功的关键因素。组建和管理团队是一个企业人力资源管理的核心,当一个企业拥有具有优势的核心人力资源时,它才更有可能取得成功。建立创新创业团队的原则包括明确的目标、明确的权力、互补的能力、责任承诺、宽容和平衡,以及分享共同利益和风险的意愿和使命。在组建创业团队时,需要遵守以下原则。

1.目标一致原则

企业上下拥有一致的目标,才可以为团队成员提供方向和动力,使他们能够紧密团结,努力形成协同效应。创业公司能够成功,最终是由整个团队决定的,而不是某一个人。企业凝聚力是以团队为基础的,一个好的创业团队中没有个人主义,团队中的每个成员的价值都反映在团队整体价值的贡献中。作为团队中的成员应该以团队利益为基础,休戚与共,积极分享,牺牲个人短期利益,以换取团队整体的强大凝聚力和长期成功。只有这样,团队才能取得最终的成功。

2. 精简高效原则

为了降低初创期的运营成本，最大限度地分享成果，在确保企业高效运营的同时，应尽可能简化创业团队的组成。一般来说，一个创业团队有 3-5 人是合适的。

3. 人员互补原则

理想的合作者要求双方在能力、个性和资本方面具有良好的互补性。每个人都有自己的优势和劣势，这是企业家选择创业伙伴的重要原因。

在一个创业团队中，具备各种才能的人员是非常重要的前提，例如拥有战略眼光的领导者、耐心细致的管理者、内部协调和外部沟通的人才，具备技术和市场方面的专业人士。任何一种才能缺乏的团队都是不健全的。因此在创业之初挑选团队成员的时候，应该尽量本着弥补目前资源短缺情况，并根据目标和当前情况之间的差距找到匹配的成员。这是组建创业团队过程中应该遵守的重要原则，也是一个健全的、能够互补的团队保持稳定的关键。此外，在创建团队时，不仅要考虑成员之间的人际关系，还要考虑他们能力和技能的互补性。

4. 分工明确原则

创业团队中的队员是性格完全不同的，这种最完美的组合就是内外分明。例如，负责设计和生产的人员（内部）与负责销售的人员（外部）合作。企业家通常更倾向于局外人，而创业的理想人选是聪明且没有野心的人。如果一个外部企业家选择了一个聪明而有活力的合作伙伴，这两个咄咄逼人的企业家肯定会争取控制权，但控制权只能落在一方身上，从而导致冲突和纠纷。就控制权的归属而言，最适合主体以外的人拥有控制权。

明确分工的最佳状态是，所有工作都对个人负责，没有重叠和重复。每个成员的权利和责任都应该公开透明，有利于降低交易成本，提高组织效率。需要特别注意的是，在一个团队中，两个核心成员之间不应存在优势和地位的重复，这不可避免地会导致各种冲突，并最终导致整个团队的分散。

5. 动态开放原则

稳定的团队结构有利于企业的运营,但没有一个企业的团队在创建后保持不变。创业过程的不确定性、团队概念和成员能力等因素都可能导致团队内部结构的调整,以及成员退出或加入。因此,在创建团队时,保持团队的活力和开放性是很重要的。

6. 激情原则

创业初期工作量巨大,需要各个成员投入足够的精力。要时刻保持这种状态,就必须保证团队成员充满激情,这是创业团队成功的关键指标。在经历大量的工作,长时间的运行后,无论他们的水平如何,一旦此时对创业生涯缺乏信心,就会陷入一种负面状态,这种状态会像传染病一样传播给所有团队成员。负面影响将是致命的,需要成员之间时刻保持创业热情,这对团队工作的有效性有显著影响。

7. 权责明晰

应以法律文本的形式明确划分创业团队的成员之间的利润分配,明确基本的责任、权利和利益,特别是股权、期权和股息权。此外,还需要明确增资、扩股、融资、资本分散、人事安排、解散等与团队成员利益密切相关的事项。股权分配或投资比例问题是其中最为核心的条款,不仅关系到每个创业伙伴在企业中的未来地位和角色,而且还涉及实质性问题,如创业伙伴之间的利益分配。因此,合作创业需要有明确的账目、完整的程序、签署合作协议,并仔细约定各方的责任和权利。

(二)创业团队的人员选择

团队的力量是创业的基础,怎样才能选择合适的人才? 什么样的人才才能组建一个优秀的团队呢? 主要从以下几方面进行选择。

1. 加入目的

创业合作必须有三个前提:第一,双方必须有合作利益;第二,必须有合作的意愿;第三,双方都必须有共享和共同富裕的意图。创业团队想要共享和实现共同富裕,就不能以财富为最终目标,而必须有一定的理想主义,比如追求产品的极致,追求改变世界等等。对于创业团队来说,如果每个成员都只把他们所做的作为养家糊口和解决经济问题的工具,那么如果出现轻微的干扰,团队就会崩溃。创业本身就是一种艰辛付出、耗费精力的事情,理应对大家有所回报。团队成员要有除了金钱之外共同的价值追求,要有一荣共荣、一损俱损的决心,要有对工作长期保持满腔热血的激情。

2. 彼此了解

来自熟人圈子的创业团队成员,如同学、朋友、亲戚和同事,能够清楚地认识到自己的长处和短处,同时也能清楚地了解其他成员的长处和弱点。这样可以避免不熟悉的团队成员引起的此类冲突和纠纷,从而增强团队的向心力和凝聚力。当然,当在熟人圈子里很难找到合适的合作伙伴时,你也可以通过媒体广告、亲友介绍、投资谈判、互联网等多种形式找到最合适的人选。在这个过程中相互理解也是至关重要的。无论是熟悉的候选人还是新发现的成员,在创业之初,都有必要透彻地解释团队成员最基本的职责、权利和利益,尤其是股权和利益的分配,包括增资、扩股、融资、撤资、人事安排和解散。这样到企业发展壮大后,就不会因利益分配、股权等方面的差异而产生冲突,导致创业集团解散。

3. 角色安排

英国剑桥大学的贝尔宾博士提出的贝尔宾角色模型认为,一个结构合理的团队应该由九个角色组成:创新者、实干家、凝聚者、信息者、协调员、推进者、监督者、完善者和技术专家(表4-2)。在寻找合作伙伴之前,首先需要确定合作的目标和目的;然后,有必要根据目标规划合作伙伴的责任,并有目的地寻找团队成员来承担不同的角色。团队成员的组成应遵循人员互补、分工明确、定位合理的原则。只有团队成员弥补彼此的不足,拥有明确的权利和责任,才能提高生产力,鼓舞士气,激发创新。

表 4-2　9 种团队角色的描述

角色	作用	特征
创新者	团队的智囊,观点的提出者	观念新潮,思路开阔,想象力丰富;不拘小节,特立独行;易冲动,甚至不切实际
实干者	将思想和语言转化为行动,美好愿景转化为现实	计划性、纪律性强,有自控力,相信天道酬勤,坚持不懈,责任心强
凝聚者	意志坚定的领袖,润滑各种关系	温文尔雅,善解人意,能够关心、理解、同情和支持别人;处事灵活,能将自己同化到群体中去,信守和为贵
信息者	提供决策支持的信息和资源	对外界敏感好奇,性格外向,待人热情,喜欢交友
协调者	关心团队成员的需要,各方利益和关系的协调者	很有个人魅力,成熟、自信,有信赖感;办事客观、处事冷静,善于发现每个人的优势并在实现目标过程中妥善运用
推进者	促进决策实施,确保团队赶上工作进度	目的性强,办事效率高,有高度的工作热情和成就感,喜欢挑战别人,更喜欢争辩,缺乏相互理解
监督者	监督决策实施的过程	判断能力强,冷静、聪明、言行谨慎,公平客观,不易激动
完善者	迅速发现问题并解决问题	注重细节,力求完美,追求卓越;主动自发地完成工作,且对工作和下属要求较高
技术专家	为团队提供技术支持	某个领域的权威,热爱自己的职业;拥有自己的特长;他维护一种标准,不能降低这个标准

4.人生价值观念

其他个人素质,如价值观和道德观,也是选择团队成员的重要标准。那些在性格、习惯、行为和个人能力方面有缺点的人应该是好的选择,那些有坏习惯的人应该坚决消除,那些个人道德素质低的人不应该合作。

三、创业团队的管理

团队管理是一门艺术,它注重发挥团队的多样性优势,同时保持团队的稳定性,灵活实施具体情况,并充分利用一些通用原则。

（一）创业团队生命周期管理

随着企业家的成长和创业项目的推进,创业团队逐渐强大并被得到完善。创业团队的生命周期可以划分为成立期、动荡期、稳定期、高效期和过渡期五个阶段,每个阶段的管理技能和策略如下:

1. 成立期管理

这个阶段的重要标志是团队刚刚组建,士气高昂,对未来有着高回报的愿景。团队成员热情、友好,彼此彬彬有礼。然而,团队缺乏共同创业的经验,并且在工作中表现出对领导的依赖。在这一点上,团队面临的主要工作是减少不确定性,在团队内部相互测试和评估,培养合作经验,并开发可以帮助他们开展创业活动的外部社交网络。

2. 动荡期管理

处于这一时期的团队成员很明显感觉到理想与现实的差距,可能会对现实产生不满情绪,使创业热情受到打击,士气低落;团队成员彼此熟悉。受到利益冲突的影响,团队成员之间开始职位和权力的争夺,团队中出现了"小团体"。领导的声望开始下降,新员工对领导的依赖度逐渐降低。在这一点上,一些队员选择离开,而另一些队员则选择继续战斗。

对于团队管理者来说,有必要掌控全局,建立和维护规则,鼓励团队成员就有争议的问题发表意见。对于一些积极的现象应该及时识别和表扬,纠正团队中的消极和不利现象,着力营造良好的团队文化氛围。

3. 稳定期管理

稳定期是团队发展第三个阶段。经过前两个阶段的磨合,团队成员基本稳定,工作能力也有所提高,开始为企业创造价值。管理者树立良好的个人形象是这一阶段应该重点注意的,同时作为管理者,应尽量为整个团队创造良好的沟通氛围,将团队中的不和谐因素扼杀在摇篮里,尽可能的将权利下放给团队成员,并做到时时刻刻激励团队成员。

4. 高效期管理

进入高效期等于进入了团队的黄金时期。这一时期,团队士气空前高涨,每个团队成员能够胜任并顺利完成自己的工作,团队成员对团队的未来充满信心。和谐的团队成员关系逐渐淡化甚至基本消除了派系概念,团队成员高效愉快地合作达到了顶峰。当管理者看到一片欣欣向荣的景象时,他们可能会放松警惕,滋生自满情绪。

生命周期有高潮也有低谷。作为团队管理人员,不能过度沉迷于已经取得的成就,这样会导致灾难性的跌倒。此时,团队管理者需要共同发展,设定更高、更具挑战性的目标,让团队成员看到新的希望和新的动力。同时,作为团队管理者,对于团队成员的工作表现应及时给予认可,对团队成员许下的承诺也应及时履行,及时发现"高产期"表面下的矛盾和问题。

5. 转变期管理

转变期往往会出现业绩下滑,发展空间变小等情况,此时团队成员可能会产生对现状不满意,希望获得更高的回报的情绪;团队失去了共同的目标,团队成员之间的利益冲突也逐渐加深;成员的个人发展速度超过了团队的发展速度,他们有建立单独门户的想法;团队需要重新定义或建立新的团队目标,调整团队原有的结构和工作程序,消除累积的弊端。

(二)团队精神的构建

1. 第一个重要的步骤

领导者要提出一个有野心的目标,让大家达成共识。

2. 第二个重要的步骤

领导者应该大胆跳出悖论。其他领导者通常不太愿意问其他成员所谓的消极性问题:"为什么你会认为这个目标无法实现呢?"或者"你认为实现这个目标的障碍在哪里?"

3. 第三个重要的步骤

领导者要继续提问,而非争论克服的可能性,"要克服这个障碍必须要达成什么条件?或者达成什么中程目标?"

4. 第四个重要的步骤

停下来总结,问问大家:"实现这个野心目标的概率有多大?"

5. 第五个重要的步骤

构建中程目标地图。所谓地图,就是一棵因果逻辑树,每个中程目标都对应一个障碍。中层目标之间也有逻辑关系,先完成中程目标 A,才能完成中程目标 B,一定有个障碍来阻止达成这个中程目标,排列中程目标的先后顺序即可。即使有 50 组的障碍和中程目标,完成这个中程目标地图也只要一个小时的时间。

6. 第六个重要的步骤

一旦大家都同意这个中程目标图,就要把地图转化为行动计划。

(三)创业领导者的行为策略

领导者是整个创业团队的灵魂人物,是整个团队力量的协调者和整合者,其所担当的角色和行为策略对于创业团队的高效运作乃至创业项目的实施具有关键的作用。优秀的创业团队领导者总是有一些共同的特点,我们可以从中学习。

1. 个人魅力

一个优秀的创业团队领导者总是有一种别人感知和认可的气质,这种气质可以微妙地影响他人的情绪和活动,从内心深处产生信任感和敬畏感。这种气质通常包括慷慨和善良、勇气和智慧、承担责任的勇气、处理事情时不感到惊讶以及热情和坚韧。

2. 善于决策

成功的商业领袖总是能够从各种复杂的情况中快速准确地找到解决方案和目标,全面、彻底、深刻地识别关键问题,并为团队指明方向。

3. 尊重他人

一个商业领袖越是杰出,他就越懂得尊重下属。他们的尊重体现在愿意听取下属的意见和想法,并提供积极的指导;尽可能满足下属的个人发展需求;以同理心的方式关心下属的工作和生活。

4. 合理授权

有了明确的目标,让下属有能力和权威去做事,并对结果负责,但当他们遇到困难时,要站出来帮助他们解决问题。通过授权培养更多的领导者,所有杰出的领导人都有一个典型的特征:他们愿意在任期内明确培养更多的领导人,而不是下属。最成功的领导者是那些将工作委托给他人,将下属培养为领导者,并将领导者转变为变革者的人。

5. 善于激励

动机不仅可以激发潜能,还是诱因和伤害的结合,但最强大的动机是改变心态,以结果为导向,引导下属将思想和注意力集中在光明、美好的前景上。

6. 重视构架关系

一个好的业务领导者应该重视体系结构关系。生活在社会中,人际关系是个人成长和企业成功的重要条件和资源。关系如同一张网,构成了人、团体和团体、企业和客户、企业和政府、企业和企业之间的互动。任何领导者都不能缺少"关系管理"。

7. 高瞻远瞩

成功的企业花 20% 的时间处理眼前的各种紧急事务,只是为了谋生;把 80% 的时间留给不那么重要的事情,也就是未来。成功的企业家总是能够透过现象看到本质,有细致的洞察力,能够抢占机会,并始终为未来的机会做好准备。

8. 意志顽强

选择创业意味着选择艰难。创业是一场马拉松,一旦开始就无法停止,而它的终点是创业的失败。在创业的道路上,企业家们奋斗不止,没有必胜的信念和不屈不挠的意志,很难坚持下来并取得成功。毅力是永不告别、下定决心取得成果的精神。创业领袖需要在每个人都失去信心的情况下保持信念,并有决心和号召力在黎明前冲破黑暗。

9. 终身学习

处于商业竞争日益激烈的环境下，作为商业领袖要面临很多新的挑战，如及时更新观念和提高技能，这就需要他们能时刻保持终身学习的态度。当下社会衡量企业成功的标准是创新能力，创新来自不断学习。没有学习，就不会有新的想法、新的策略和正确的选择。

10. 家庭和谐

完美的商业领袖经常把家庭比作登山的后备营地。企业家们明白，后备营地的实力决定了他们"登山"的高度。他们也明白成功的重要性。全面的成功就是成功，家庭的幸福使他们的事业无怨无悔地取得成功。

（四）创业团队管理策略

1. 打造团队精神，营造企业文化

（1）确立团队领袖。企业需要具有权威性的主管，创业团队中也需要有明确的团队负责人。有明确的团队成员一起参与创业，也需要提前确认好谁是领导者，谁是最终做出决定的人，当出现利益冲突或严重分歧时，具体由谁来决定。一个成功的创业团队首先需要指定团队领导者，由他们承担起权威主管的责任。在创业过程中，作为团队领导者要随时沟通、协调和激励团队成员，不断提高团队的整体水平，以满足企业成长的需要。

（2）打造团队精神。团队精神是大局意识、协作精神和服务精神的集中体现。团队是一种协作精神，它反映了个人利益和整体利益的统一，从而确保了组织的高效运作。团队精神使团队成员能够为实现目标而共同努力。团队精神可以通过团队内部形成的理念、力量和氛围的影响来约束、规范和控制团队中的个人行为。这种控制更持久、更有意义，更容易深入人心。因此，团队精神的建设尤为重要，团队精神建设主要要是有必要培养团队成员的专业精神。职业奉献是一种积极向上的生活态度，认真做好本职工作是职业奉献最根本的方面。要想成为专业人士，企业家必须有"三颗心"，即耐心、毅力和决心。没有什么事情是一蹴而就的，仅靠一时的热情和三分钟的热情是做不到的。遇到困难不能退缩,情绪低落也不能随便处理事情。

2. 建立责、权、利统一的团队管理机制

在团队运作过程中,第一是要将承担主要任务的人员挑选好。解决这些问题是一个妥善处理创业团队内部权力关系的过程,最终最大限度地减少能力和责任的重复。总体而言,团队管理应在保持团队稳定的同时,充分发挥团队多样性的优势,充分利用团队成员的互补优势,同时坚持控制权和决策权的统一。第二是能够完美地梳理团队内部的利益关系。在确定利益关系时,要重视契约精神,明确团队成员的利益分配机制,反映个人贡献的差异,关注成员的利益。企业薪酬体系除了股票、工资、奖金等经济奖励外,个人成长机会和相关技能升级等因素也是必须要考虑的。每个成员的价值观并不相同,这主要取决于他们的价值观、目标和愿望。有些人看重长期资本收益,而另一些人只看重短期收入和职业稳定。由于新团队的薪酬制度至关重要,而大多数初创公司在创业时的财务资源非常有限,因此有必要仔细研究和规划整个企业运营期的薪酬制度。同时,薪酬水平不受贡献程度和增加人员数量的限制,确保薪酬是根据贡献支付的,而不是因人员增加而减少。

3. 建立有效的激励机制

将人本管理思想运用到企业工作实践中,可以加强激励机制,极大地调动员工的积极性和创造性,使各项任务的顺利完成成为可能。实施激励措施的基本方法和主要内容如下:

(1)形象激励。一个好的单位形象可以形成强大的向心力和凝聚力。只有拥有良好的企业形象,成员才能在所从事的工作中收获成就感和幸福感,增加向心力的作用,从而推动企业各项任务的进展和有序发展。

(2)目标激励。人们的热情和创造力往往是由于心中有一定的目标,这就是人们行动的动机。在设定目标时,企业应该让员工参与进来,不仅是为了向他们展示自己的价值观和责任,而且是为了在他们实现目标后获得对工作的满足感和热情。

(3)榜样激励。作为公司领导,在管理工作过程中,尽量将重心下移,把服务基层员工、解决基层员工问题作为工作的出发点和落脚点,做到与员工"三同",即以同样的方式分配任务、以同样的方法评估收

入、以同样方式实现奖惩。工作中经常会出现棘手的问题。在这个时候,领导者应该以身作则,带头与他们打交道。当问题没有解决,任务没有完成时,首先要追究自己的责任,不能推卸责任,亲自提高员工的责任感。

（4）竞争激励。在公司员工感到疲惫和懒惰时,有必要制定相关的竞争和激励制度来激励他们,通过竞争最大限度地发挥他们的能力和潜力,不断提高他们的工作水平和效率。内部竞争过程中,企业内部员工和部门间存在竞争关系,会使员工充分发挥主动性,努力将压力转化为动力,始终将命运与工作责任联系在一起,形成强大的凝聚力。

第三节　创业机会获取与创业风险防范

创业就是发现市场需求、寻找市场机会,并通过投资和经营企业来满足这些需求的活动。向客户提供有价值的产品和服务,并通过产品和服务实质性地满足客户的需求是创业的根本目的和主要手段。在众多客户中,如何识别和把握创业机会,是创业成功的关键所在,也是摆在企业家面前的紧迫问题。机会与风险并存,在企业初创极端,企业家也会承担巨大的风险,特别是那些创业计划和创业公司较为复杂的。在创业道路上,企业偏离预期目标也是时常发生的事情,因此,对创业风险的来源和识别是防止创业失败的有效途径。

一、创业机会的获取

随着环境的变化而产生具有一定规模和发展价值的消费需求,并能为新创业公司带来新的增长动力的事件或产品就是创业机会。创新思维对于获取创业机会及其后续的创业活动非常重要。要获取某个创业机会,其内容主要包括以下几方面。

1. 对创业机会存在的时间跨度进行分析

创业机会有一定的时限,超过这个时限,创业机会就不复存在。创业机会的时间跨度因行业而异。即使在同一行业内,不同时期创业机会的时间跨度也各不相同。时间跨度越长,创业公司抓住机遇、调整自身发展的时间就越长;时间跨度越短,初创公司抓住机会的可能性就越小。因此,有必要分析不同行业创业机会的时间跨度。

2. 对创业机会的原始市场规模进行分析

原始市场规模是指企业在创业机会形成之初所面临的市场规模。原始市场的规模决定了初创企业在创业之初的销售规模,也决定了其赚取的利润。总之,在创业之初分析创业机会的原始市场规模很重要。一般来说,原始市场规模越大越好。当创业公司所在行业的市场份额很小时,他们就有机会获得更大的销售规模。

3. 对创业机会的市场规模随时间增长的速度进行分析

随着时间的不断推移,创业机会所面临的市场规模也会发生变化,市场规模的增长的速度决定了创业企业的增长率。一般来说,它们之间有一个直接的比例,即市场规模增长得越大、越快,相应初创公司的销售额和销售额增长得也越快。当然,创业机会带来市场规模的同时也会随之带来一定的风险和利润。因此,有必要分析创业机会市场规模随时间的增长率。

4. 对创业机会的可实现性进行分析

对企业家创业机会进行可行的分析,需要从以下条件入手,即拥有利用创业机会所需的关键资源,能够承受创业机会带来的风险,能够与更大的竞争力量竞争,能够创造新市场并占据大部分市场。

二、创业主要风险防范

由于创业过程中创业团队所处的创业环境具有不确定性,同时受创业机会和企业的复杂性,以及创业者和创业团队的能力和实力的局限性等的限制,创业活动存在偏离预期目标的可能性和后果,从而导致创业风险。创业具有很高的风险,无论是在创业过程中,还是在他们创办的企业的运营中,都随时面临被市场淘汰的风险。作为一名企业家,应该时刻关注所创建的企业的整个生命周期,并处处关心它。因此,增强风险意识,识别和识别风险,并采取相应的风险防范措施,是每一家初创企业不可避免的课题。

（一）掌握风险识别的基本途径

基于风险的来源不同,我们可以将创业风险的识别途径分为自然因素和人为因素两大方面。

（1）自然因素。如地震多发地区、台风多发地区和热点地区,这是企业选址的问题,在企业项目的立项和推进时都必须考虑到当地自然灾害的发生。

（2）人为因素。如一个国家或者地区的政治制度、经济制度、法律政策、民情民俗以及企业周边的营运环境也是企业在创业初期应该考虑的问题。

（二）不同创业类型的风险

具有不确定性的创业环境、复杂的创业机会,以及具有不同能力和实力的差异的创业者、创业团队和风险投资者等,这些因素都可能导致创业风险产生,进而导致创业失败。不同的创业类型因其自身的特点而具有了不同的风险。除了这些常见的风险外,不同类型的创业都有自己独特的风险防范方法。

1. 资金型的特有风险

（1）在创业初期应该考虑项目资金预算是否准确,资金供应能否满足项目后续投资需求等。在制定项目资金预算时,考虑到低预算会导致投资不足,而高预算会增加资金压力和财务成本等问题,因此有必要准确衡量项目的资金需求。

避免这种风险最有效的方法就是制定详细的财务预算,包括营运资金和现金流预算。

（2）面对企业的不同资金来源,应考虑其回报要求是否与项目相匹配。最有效的避险方法是：自有资金的投资项目回报率应高于市场平均回报率(同期银行贷款利率)；债务资金的成本不能高于项目的预期收益率,且偿还期不能短于项目投资回收期；股权资本则不仅需要控制其股权比例,还需要对股权资本的退出机制做出合理的约定,股权资本一旦退出,很可能会使整个项目陷入瘫痪。

(3)具有财务优势的同行也是企业面临的主要威胁之一。潜在进入者的威胁是当今企业始终要面临的一个大的潜在威胁。当前那些拥有资金优势的企业家可能就是将来企业要面临的来自资本巨头的挑战和威胁。

这类风险的规避措施就是要进入此类行业后,首先在技术、产品开发、服务延伸等方面进行扩张和延伸,逐步削弱那些拥有资金优势的企业,扩大市场竞争重点,实施多点竞争。

2. 技术型的特有风险

(1)技术的生命周期。对于技术型企业而言,其所拥有的技术的生命周期在某种程度上决定了产品的生命周期,而产品的生命周期反过来又会对企业的生命周期产生影响。因此,作为创业企业的管理者,也应将技术生命周期的长短考虑进来,并重点加以关注。

(2)技术的可复制和替代性。那些依靠技术优势设立的企业,应考虑其所拥有的技术能否成为市场的独秀峰,这在很大程度上将影响企业产品的市场占有率。

3. 创意型的特有风险

创造力对企业的可持续经营和增长至关重要,无论是如昙花一般一闪而过,还是一个持续而独特的角色。为了保持创造力,有必要对创造力进行充分的市场研究,重点调查现有和潜在的市场,包括目标市场人群、行业地位(蓝海或红海)、现有市场容量和扩张潜力。此外,还需要深入挖掘创意,拓展其市场空间。

对资本和技术的依赖,一般来说,一个想法对资本和科技的依赖程度越高,它被潜在竞争对手复制的风险就越低,对企业家的要求也就越高。对于依赖性较低的想法,风险规避的方法是对想法进行充分的市场研究。对于具有高度依赖性的想法,来自市场的风险相对较小,但内部风险相对较大。也就是说,由于技术和资金要求很高,很难将这一想法商业化。一方面需要寻求技术支持，另一方面需要积极筹集资金。

4. 社会资源型的特有风险

在通过人际关系、代理许可等方式创业的情况下，风险主要来自对资本的控制水平、人际关系能否持续以及许可期限的长短。对于依赖其控制的某些社会资源的企业家来说，其控制的社会资源是否合法，能否获得法律保护，是创业可持续性的关键，也是创业成功后能否长期维持业务的关键。规避的主要方法是使创业项目合法化，另一方面从法律层面明确各方对所有代理特许经营的责任、权利和利益。

（三）创业风险的防范的方法

掌握机会风险的分类，结合风险估计，可以帮助企业家在创业发展的不同阶段预防和降低风险。风险分类有多种类型，系统风险是由全球性的共同因素引起的，企业家或初创企业本身无法控制或施加影响，也很难采取有效措施来消除。非系统风险是指企业家自身行为的不确定性所带来的风险，是企业家和新企业能够在一定程度上控制的风险，如团队风险、技术风险、企业管理风险、财务风险等。

（1）环境风险

能够对创业产生影响的因素很多，如市场需求的变化、政治、政策、法律法规的调整，以及突发的自然灾害，这些因素一旦任何一个发生变化都可能给创业者带来致命的打击。例如，国际关系或相关政策的变化可能会给承包商或企业造成损失，宏观经济环境的重大波动或调整可能会导致企业家或风险投资者面临失败。因此，创业者在创业准备阶段必须合理预测和评估未来潜在的环境风险，并提前制定相应的对策和计划。

（2）市场风险

由于市场的不确定性而可能导致创业失败的因素称为市场风险。在现实市场中，消费者是否会接受新推出的产品或服务，以及确定产品或服务的市场增长率和竞争力，是很难被创业者提前预测的。创业市场大多是有潜力和未开发的行业，市场价格的变化、市场策略的错误、市场供求的变化会给企业家带来一定的风险。这就要求企业家在创业过程中进行充分的市场研究。

（3）技术风险

这一风险主要存在于高科技创业企业中，在产品研发、技术集成和批量生产中，由于探索性技术控制而产生了许多不确定性风险。技术创新距离产品生产存在着一定的时间差，而且也并不是所有的技术创新都能通过实践中转化为产品。生产过程中的新技术遭遇障碍后，掌握新技术的企业家极有可能面临失败的结果。与此同时，高科技产品升级的速度、成果转化的短周期、市场反馈、同行业的激烈竞争以及产品设计和工艺的快速更新，往往会导致初创团队花费大量精力和时间努力开发产品、技术或服务。当它投放市场时，发现产品的竞争优势并不明显，甚至很快被取代。特别是在知识经济时代，随着企业家推出一种创新产品，同行或大型企业也有可能推出"模仿创新现象"，这种模仿创新会挤压市场空间。例如，用智能手机取代传统手机的趋势导致了诺基亚曾经创造的"手机王国"的崩塌。

（4）财务风险

由于资金供应不及时致使创业失败的因素称为创业的财务风险。创业需要大量的创业资本，融资渠道很少。如果创业者不能及时解决问题，就会导致创业受挫。此外，创业需要进一步开展持续的创业活动，失去这种持续的投资能力，企业就无法按时按需提供财政支持，最终可能导致创业失败。财务风险是任何创业者都应该时刻关注的，它包括创业期间的融资风险和现金流风险。

（5）管理风险

并不是所有的企业家都是优秀的企业家，也不是所有的创业者都有优秀的管理技能。一旦企业家缺乏这两种能力，创业企业的管理就存在巨大差距。企业家开展的创业活动主要有两类：一类是企业家本身是技术人才，掌握一定的高科技创业，但不一定具备管理技能；另一种是企业家思维更活跃，在做生意的过程中往往有新鲜的想法，可以挖掘商机，但不善于战略规划和企业管理。这两种类型的创业者都可能导致企业的管理差距。

三、创业各个阶段风险的防范

不同阶段的创业风险形式也不同，相应的应对和化解风险的方法和手段也不同。尽管某些类型的风险总是存在的，但随着时间和环境的变化,解决方案也需要根据情况进行调整。

(一)创业启动阶段风险来源及防范

1.创业启动阶段风险来源

(1)仓促上阵

从创业过程来看,一家公司创建之初,除必须完成大量的工作,还必须办理许多准备事项。在创业的早期阶段,面对很少客流量的时候,也要有必要的心理准备。否则,如果想在相对较短的时间内为公司带来利益和利润,这是不可能的,而且在这个时候很可能会失败。

(2)创业团队内讧

创业团队的内讧通常经历三个阶段:第一阶段是企业在看到任何利益之前,主要围绕股权障碍;进入第二阶段,企业一旦取得进步,就开始争夺地位、权力和利润;到了第三阶段,当企业开始盈利并蓬勃发展时,它开始卷入纠纷并进行殊死搏斗。最后,这家企业也灭亡了。

(3)市场分析不到位,资源缺乏

对创业机会的评估,发现创业想法没有足够的市场潜力,或者在创业前对市场的估计不正确,那么整个企业就会失败。还有一些创新产品虽然有用,由于价格昂贵,可能无法提供。事实上,一家公司在进行足够数量的购买之前不会有资金回报。因此,对企业家来说,充分估计最初的资本需求和资本回报时间很重要,这将有助于公司克服最初的困难。

(4)计划模糊

当一切都有计划时,它就会坚持下去,当没有计划时,就会放弃。机会总是青睐那些有准备的人。不正确或不明确的计划可能会给企业家带来困难,尤其是在关键步骤和环节不明确的情况下,失败也会在所难免。

2.创业启动阶段风险防范

风险和回报是相互的,但高风险并不一定会带来高回报。要想降低创业初创阶段的风险,最大限度地提高创业的成功率,其核心是以人为本。

（1）严格筛选项目

企业家应尽量选择自己熟悉的行业，保持地理位置上相对较近性，以便于沟通和联络。同时，针对不同的项目，积极开展内外部环境范围内的信息收集、访谈和论证，进行详细评估，深入的投资可行性研究。我们知道，在企业的初创阶段所要面临的技术和市场风险要远远高于其他创业阶段，因此作为创业者，应将创业项目的选择放在至关重要的位置上。

（2）有效保护商业机密

要想保护创造力本身是极其困难的，只能通过寻求一些有效的方法来保护创意的资本属性，确保创作者和以创意为基础的企业家的利益，并允许投资者做出有利于自己商业理念和技术含量的适当股票安排。例如，版权保护。许多产品往往达不到专利申请标准，但它们是由企业或个人付出代价设计的。企业与员工除签订劳动合同外，还应签订保密协议和横向竞业限制协议；在企业投资研发之前，有必要明确知识产权的所有权。

（3）选择最合适的创业伙伴

选择最了解的人来创业，并清楚地了解他们的长处和短处。我们不会花太多精力去理解和适应彼此。许多企业家追求"清晰会计"的哲学，每个人都会因为鸡毛蒜皮的小事而怒火中烧，争吵不休，这并不是一件坏事。

创业伙伴不应将朋友关系与家庭关系混为一谈。如果是友情、婚姻关系等家庭关系，几乎宣告着创业团队走不远，即使是最好的朋友也无法忍受夫妻之间的随意关系。如果你选择了纯粹的朋友关系，不要让伴侣的家人半途加入创业团队。

创业团队最好有一个权威人物，或者灵魂人物。当每个人都有不同的意见时，权威人物可以定下基调，防止每个人犹豫不决。公司和其他公司一样，经常在重大决策上存在分歧，错过公司的最佳发展机会。

（4）密切关注资金风险和技术风险

资本风险通常是创业初创阶段的"生命线"。首先，有必要仔细规划首次启动所需的融资或投资金额。准备融资时需要考虑借多少，能借多少，最优价值应该是多少，风险有多大。其次，持续融资能力也是企业必须要考虑的。在企业的运营过程中，长期缺乏资金支持，很可能会使得整个项目流产，甚至导致企业面临倒闭的风险。通常我们将它称为企业的"最后一口气"。基于这一点,企业家应提前考虑融资方式,并在紧急情况下建立快速融资渠道。

企业可以负债经营,但必须保持合理的负债率。生产经营状况良好,资金周转快,负债率可适当提高;当生产经营不理想、生产销售不畅时,负债率相对较低。资产负债率的门槛是 35% ~ 65%。此外,由于初创阶段的企业研发工作处于概念设计阶段,因此很难识别和确定技术的可行性。因此,即使创业企业在这一阶段获得了少量的风险投资支持,他们也经常会因为技术问题而亏损。

（5）注重建设营销队伍

初创企业必须招聘既有营销技能又有技术知识的营销人才,建立最强大的营销团队,即必须拥有正确的营销理念和最佳的营销策略。此外,在引入期内,需要考虑产品是否能被消费者接受,以及如何降低流通成本和促销费用,从而减少损失,增加利润。

（6）采用迂回战术竞争

在创业的起步阶段,与他人竞争不应进行正面或阵地战,而应采取迂回战术,做别人不敢做的事,做别人不想做的事;要学会规避风险,我们应该加强对一些风险过高的方案的规避,避免不必要的风险。例如,所有创业活动都应在国家相关法律法规允许的范围内进行,并利用法律法规保护其合法经营;避免风险还需要拒绝与不可信的制造商进行商业交易,并立即果断地停止在启动阶段发现的问题。

（二）创业成长阶段风险及防范

进入成长阶段,公司初创和初创阶段的艰辛和不懈努力,创业理念成为现实,公司开始真正产生商业价值,业绩和利润开始保持相对稳定和令人满意的水平的阶段。可以说,创业者最初的目标已经基本实现。此时,初创公司进入了成长和发展阶段。随着公司进入快速增长阶段,创业后期的风险也随之而来。

1. 成长阶段风险来源

（1）盲目冒进

当初创公司开始成形并取得小成功时,许多公司很容易被他们所创造的地区知名度所淹没,有时甚至觉得自己无所不能,不顾实际情况扩大业务并盲目地多元化发展,探索超出其能力范围的大市场。如果摊位太大,且对新业务了解不多,那么不可避免地会出现错误,侵蚀公司的利润,并不断扩大不相关的行业,往往导致资金链崩溃和破产。在取得巨大成功后,从这样的失败中可以吸取许多惨痛的教训。

(2)用心不专

一家生产啤酒的公司,觉得碳酸饮料能赚钱,于是开发碳酸饮料,后来改为生产柠檬茶。"一种果汁,另一种果汁",这不是产品系列化,而是"一只熊折断了一根棍子,手里只剩下一根。"这从一个品牌变成了另一个品牌,失去了公司努力打造的品牌和形象,从而失去了最重要的核心竞争力。此外,在创业取得初步成功后,他们开始朝着多个行业同时发展的趋势发展。然而,无论是主辅行业,他们大多亏损更多,赚的钱更少。说起产业来如数家珍,其实都是"夹生饭",赔钱交易。

(3)小富即安

人们常说:你以前在做什么,将来想做什么。如果在服装行业混了几年,想自己投资做点什么。在选择一个项目时,服装总是必不可少的。因为我们不仅知道服装可以赚钱,而且对市场相对更熟悉一些。此外,不知道从事什么行业。这是被旧职业束缚住的思想和双手。对他们来说,走出这个圈子可能会带来一个广阔的世界和巨大的成就。正是因为有很多企业家无法走出这个圈子,在创业时,他们按照自己固有的模式和惯例经营,这总是会导致失败。

(4)家庭压力

在创业取得初步成功后,现阶段的企业家比以前更忙、更累,没有时间照顾家人。因此,家庭压力开始增加。在创业的快速发展阶段,企业家必须认真考虑和解决管理危机问题。

2. 成长阶段风险防范

(1)完善组织架构,规范公司章程

创业过程中企业家只能应对各种市场机会,但并不是有计划、有组织、有明确定位地开发和利用他们创造的未来机会。在对公司的组织结构进行设计时,企业家可以选择使用一些非常规技术,设立多个管理职位吸引员工,激励他们的积极性。

(2)建立风险责任机制,趋利避害

创业公司应不断完善风险控制目标体系和风险报告制度,风险责任机制能够确定相应的责任主体,使每项风险管理工作对应的人才。此外,还应学会减少和转移风险。对于不可避免的风险,应努力进行分解和转移。例如,尽可能多地外包高风险项目。对于高风险的投资或商业活动,可以将项目划分为许多小项目,然后将高风险但可接受的部分转包给他人,以分享利益和风险。

（3）网络人才,完善激励机制

在创业取得初步成功后,企业家将重点放在未来更大的事业上,而员工现在更关注他们的既得利益。如果处理不当,企业家将被指责为"与他人休戚与共",并将承受巨大的情感压力。建立一套有效的激励机制,在保护老员工的既得利益,还能吸引更多的新员工。

（4）发展核心竞争力

公司可持续发展的关键是保持竞争优势。创业公司必须选择、培养并不断发展其核心能力,以实现和保持竞争优势,这些资源组合的复杂性往往会使竞争对手难以模仿,从而使公司能够建立竞争优势,成功实现规模扩张。核心能力也被称为核心专业知识。为了培养和发展核心能力,公司必须找到自己的核心专业知识,然后在这一核心专业知识上与他人竞争。

第四节 创业资源的获取与整合

企业初期和成长过程中所需的各种生产要素和支撑条件的总和称为创业资源,包括有形资源和无形资源。创业过程可以说是企业家整合和利用创业资源创造价值、实现创业目标的过程。

一、创业资源的获取

在识别资源的基础上,获得所需资源并使其为创业服务的过程就是创业资源的获取。创业资源的获取不仅决定了创业理念能否转化为创业行动,还决定了企业契约组织的形成。

（一）创业资源的内涵与种类

创业资源是企业创建、发展和成熟过程中的各种生产要素和支撑资源。风险资本泄漏是企业发展不可或缺的结构性因素。创业资源不是资本、技术和人力资源的简单叠加，而是多种资源的有机重组和优化组合。创业资源的分类有多个角度，具体分类如下：

1. 依据资源的存在形态进行分类

创业资源分为有形资源和无形资源。有形资源是指具有物质形式、易于量化且相对直观的资源。有形资源包括资本、房地产、机械设备、原材料、半成品、自然资源等。无形资源是以非物质形式存在的相对抽象的资源，难以用金钱准确计量。无形资源包括人力资源、信息资源、声誉资源、政策资源和技术资源。一般来说，无形资源是具有较大扩张空间的创业领域，是推动、吸引和聚集有形资源的重要条件。

2. 依据资源的根本属性进行分类

创业资源分为技术资源、人力资源、组织资源和物质资源。技术资源包括技术流程、技术设备、制造特点和核心技术。技术资源包括可识别的技术过程、生产方法、生产创新以及生产实践中产生的其他因素。这些要素创新性地浓缩为特定的劳动工具、劳动设备和劳动环节，成为稳定的无形资产人力资源。人力资本流失包括创业团队、创业群体以及创业过程中形成的创业关系。企业家是创业的核心资源，是企业发展、经营和成长的根本基石。创业关系网络是人力资源外向型建设的重要框架。在企业发展过程中，拥有一个良性的关系网络可以有效地获取重要信息，塑造企业的良好声誉，拓展企业组织资源的发展空间。组织资源包括企业制度框架、工作流程、工作规范和工作评估。企业的有效发展需要制度建设来激发员工的积极性，实现企业物质资源的有效开发。实物资源包括土地、厂房、设备、矿山等实物资源，以及资金、资产和库存等非实物资源。

3. 依据创业过程中的作用进行分类

创业资源分为基础资源和发展资源。基础资源如智力和技术资源，它们是决定企业成败的战略资源；发展资源包括人力资源、物力资源和市场资源，是企业发展所必需的资源。信息不对称已经成为企业发展的重要前提。企业对知识和技术资源的掌握是企业发展壮大的轴心因素。

4. 依据资源来源进行分类

创业资源分为自身资源和外部资源。自有资源包括人力资源、财力资源、技术资源和信息资源是企业创业团队所拥有的，如企业的企业家、员工、土地、厂房、机械、设备、材料、资金、技术等。外部资源是创业团队尚未拥有的资金、场地和其他资源，需要从投资者、银行和环境中的其他来源筹集和获得。外部资源主要来自于原材料供应商、技术提供商、分销商、广告商和相关政府部门。在某些情况下，初创公司可以将某些外部资源转化为内部资源，以降低交易或沟通成本。

5. 从资源支撑点的角度划分

创业资源与商业资源领域大致一致。创业资源和商业资源都包括财政资源、物质资源、人力资源和社会资源。在创业过程中，创业者需要逐步积累创业资源，形成完整的商业资源。从狭义的角度来看，创业资源和商业资源具有不同的理论维度。

（1）创业资源比商业资源有更精确的关注点。在创业的早期阶段，创业团队往往不具备全维度的商业资源，处于被甩在后面、被落在后面的状态。创业团队需要充分利用其创业资源，不断发展、丰富和壮大企业自身，并逐步吸收、匹配和完善相应的商业资源，以维持企业的正常发展。

（2）创业资源比商业资源更强调活力和发展。创业团队在发展的早期阶段具有显著的不确定性和不稳定性。创业团队需要依靠相对狭窄的资源来发展和壮大自己，从而在动态过程中实现和吸收各种相应的元素。

（3）创业资源更多地关注无形资源，而不是商业资源。商业资源是稳定的、可量化的有形资源。创业活动本身就是一个从无到有、从小到大、从弱到强的发展过程。创业资源集中在难以衡量的人力资源、信息资源和社会资源上。

（二）资源因机会有价值

资源因机会而有价值，这一命题在创业研究中分化出了有关资源问题的三个层次和问题。

第一个层次是最基本的层次，这个层次的问题可以帮助解释和促进该领域的学术现象：企业家如何获得创业所需的资源。对于一些创业活动来说，核心和关键问题是实际困难。例如，在没有启动资源的情况下，如何进行生存创业？在学术抽象中，在这种情况下，获取资源本质上是从他人那里获取资源，这些资源在他人眼中是有价值的，但对你的价值更为迫切。实践问题解决逻辑也是学术研究的理论逻辑，可分为两类：一类是将资源价值的时间属性扁平化（如实物期权理论）；一类是削弱市场交易，采用替代机制（如信任、网络和政府补贴），这也构成了创业研究领域资源问题的主流。大多数研究都延续了这一逻辑，并正在进行解释性研究。

第二个层次的问题不仅有助于解释新现象，也有助于在学术界产生新的理论贡献：企业家如何通过赋予他们价值来以低成本获得资源？这一问题在新经济时代变得越来越普遍和重要，也带来了理论挑战。假设你有稳定的收入和大量的业余时间，并且面临住房和汽车贷款等经济压力，如果你是一个自律的人，你根本看不到你的业余时间和家用汽车的价值。然而，专车平台告诉你可以利用业余时间提供专车服务，你的资源价值就会被发现。对于专车平台来说，因为它可以让你的资源产生价值，所以借用你的资源自然不必太客气。在学术抽象中，在这种情况下，获取资源本质上是从他人那里获取对他人没有价值但因为你而变得有价值的资源。解决实际问题的逻辑自然变得更有创造性和想象力。回到学术研究的层面，企业家如何定义资源赋能机会，在机会背后，资源赋能和组合是如何协同工作的，也是值得关注的。

第三个层次是最具挑战性的：企业家如何创造能够产生新价值的资源编排逻辑？与第二个层次相比，这一层次的问题并不局限于资源获取问题。它强调了资源组合或利用相对于资源获取的重要性。在数字经济时代，在许多情况下，单一的资源元素似乎没有任何价值或优势。然而，以特定的方式组合或安排大量的资源元素会产生不可估量的资源价值（例如平台）。这个问题是最近成为研究热点的新问题，也是理论研究的新趋势。

在创业实践中,企业家的独特眼光不仅在于机会,还在于资源;企业家的创造性思维不仅在于机会,还在于赋予资源新的价值;企业家的韧性和毅力不仅在于他们对机会的信念,还在于促进他们信念的实施、开花和实现的资源战略和行动。正因为如此,资源问题在研究中可能比机会问题更具挑战性。

(三)影响创业资源获取的因素

创业资源具有多维度。企业家根据其创业活动的特点,优先考虑创业资源的价值,并优化选择最适合自己、最紧迫的创业资源。影响创业资源获取的因素如下:

1.商业创意的价值

创业的关键在于商业创造力。商业创造力为资源获取提供了杠杆,但资源获取也取决于资源所有者对创造力价值的认可程度。换言之,可以得到资源所有者认可的有价值的商业想法,有助于降低企业家获取资源的难度。

企业家需要获得外部创业资源,关键原因是商业理念能够与资源所有者的价值产生共鸣。商业创造力包括创业活动的创新,以及是否有新产品、新服务、新流程、新方法和新想法;包括创业活动的盈利能力,创业活动能否在固定的创业周期内获得相应的利润回报;包括创业活动的风险,创业活动有什么样的创业风险,是否具有一定的抗风险能力;包括创业活动的前瞻性,以及如何在创业过程中预测未来的创业风险、机遇和增长点,从而采取有针对性的创业行动,确保企业拥有较大的利润空间。

2.创业资源的配置方式

如果通过资源配置进行创新,能够开发出更符合资源所有者期望的新公用事业,企业家就可能从资源所有者那里获得使用资源的权利,以开展生产和经营活动。

3.创业者基本素养

创业活动是一个由小到大、由弱到强的发展过程。企业家早期的经验可以有效规避创业活动中的商业风险,实现企业的健康发展。以往经验主要包括行业经验和创业经验。行业经验是指企业家在某一行业的工作积累和经验总结。行业经验可以为企业家提供行业发展现状、发展局限性、行业规范、行业规则、人际网络等信息。行业经验是创业者不可或缺的先决条件。创业经验是指创业者在创业过程中具有的经验、经验和实践经验,从而拥有大量的创业积累,能够有效地进行创业风险评估、获取创业资源和规范创业活动。

创业过程是一个不断重构创业资源的发展过程。如何优化资源组合,形成创业协同效应。这在很大程度上取决于企业家的管理能力。企业家具有优秀的管理技能,能够为创业团队实现良好的沟通、有效的激励、系统的管理、健康的成长和外部协调。良好的沟通有助于创业团队成员有效地交换意见和意见,促进团队凝聚力和团队向心力。有效的激励有助于创业团队团结一致,朝着共同的创业目标前进。系统管理有助于创业团队减少内部摩擦,实现创业活动的标准化和效率化。良性成长有助于创业团队成员不断提高业务和学习能力,并保持对行业发展趋势的敏感性。外部协调有助于创业团队与投资者、原材料供应商、分销商等保持良好的业务联系,为企业发展创造良好的外部环境。

4.社会资本

社会资本是企业家通过社交网络获得各种创业资源的能力。创业团队夯实内功,增加社会资本,获得大量信息资源。创业团队通过对各种信息资源的梳理和筛选,采取有效的创业行动,降低潜在的创业风险,增强创业团队的公信力和信任度,实现创业资源的获取和整合。

5.资金的重要作用

资本是创业活动中的一个重要因素。创业活动中每一个具体环节的实施都需要相应的资金支持。吸收相对充裕的资金是企业家开展创业活动的重要准备工作。如果没有大量的资本,创业活动只能停留在纸面上并被搁置。企业家在创业活动中经常误判资金缺口。企业家们认为,他们只需要筹集资金就可以创办企业,利润将在企业运营过程中自动产生。在实际过程中,新成立企业的初始利润往往相对较低,而且往往低于预期利润。企业家在创业初期资本投入不足,往往会导致资金链断裂,从而导致企业陷入困境。

6.专业人才的重要作用

创业活动的过程是充分扩展、整合和优化人力资源的过程。在信息技术时代,商业活动的支撑因素在于人力资源的集聚效应。创业活动不能是一个人单独行动或单独战斗,而是创业团队的共同努力和集体努力。在组建创业团队的过程中,吸引合适的专业人才成为创业活动的必要条件。专业人才包括技术人才和管理人才。技术人才负责企业的业务开发和产品流程。管理人才负责企业制度建设、内部规章制度的完善、企业工作的内部监督。

创业团队秉承"不求一切,但求用"的力量,积极咨询风险投资者、律师、高校专业教师等行业人才,并积极与知名行业专家建立牢固的联系,通过外部专业人士的建议和帮助,获得专业发展和建设,优化整合各类创业资源,确保公司的顺利发展。

(四)创业资源获取的途径

创业资源获取的途径主要为市场途径,其次为非市场途径。具体如下:

1.通过市场途径获取创业资源

通过市场获取创业资源可以分为购买和联盟两种方式。购买是指使用资金从市场上购买所需的外部资源。购买包括厂房、生产设施、办公设备、专利技术、人力资源等。购买是聚集创业资源的主要方式,因为根据双方达成的意向,通过市场购买方便快捷,消除了隐患。对于一些难以购买的无形资源,企业家采取联盟的形式进行资源聚集。联盟是初创公司和其他组织之间的有机联盟,共同开发其无法独立开发的资源。联盟的条件是联盟双方都有自己的需求,相互支持,并在利益分配上达成共识。对于高科技创新公司来说,选择与科研机构和大学机构结盟,不仅可以获得尖端的技术信息,还可以减少设备和场所的费用,这是获得技术资源的好方法。

2. 通过非市场方式集聚资源

非市场方法在于资源内生和资源外包。资源内生是企业内部逐渐培育、萌芽和发展的创业资源。这包括内部技术研发、工厂和设备建设，以及提高员工工作技能的内部培训。资源外包是指利用企业声誉资源，通过商业创意、发展战略和前景预测，吸引物质资源、技术资源、资金和人力资源，从而增强企业的整体资源。除了投资自己的资金外，向亲友筹集资金是创业初期创业者的常见方式。通常情况下，基金规模不大，主要用作启动资金，可以采取股权或债务关系的形式。股东或借款人通常关注的是企业家，而不是创业项目。

3. 获取信息资源

信息资源包括信息生产者、信息和信息技术。企业家应从以下三个方面开发信息资源。

（1）过滤并获取有效信息。信息时代与过去时代的不同之处在于，各种信息正在涌入和传播。企业家如何筛选、抓住信息，并转化为创业机会，已成为信息资源开发中的一个难题。信息资源管理的主要目标是将信息视为宝贵的资源，并将信息资源共享视为一种规则。必须实施信息技术集成管理，实现信息资源管理的内部集成。

（2）使信息资源的开发制度化。企业决策的可预测性、前瞻性和系统性都建立在决策信息的全面性、系统性和多样性之上。在使用信息资源和技术时，确保合作和资源共享，以最大限度地提高信息质量，最终使组织中的每一个成员都成为有效的信息处理者和决策者，提高整个组织的生产力。

（3）信息管理不仅仅是从外部收集信息，更是从内部整合信息。在信息工程方法论的指导下，企业信息资源网络建设使用有效的软件工具分析各功能领域的中长期信息需求和数据流，建立信息资源管理的基本标准、信息系统框架、数据模型，以及整个和各个功能领域的系统架构模型，并制定计算机网络规划和应用系统开发计划。

二、创业融资

（一）创业融资分析

风险融资是指企业家利用各种方法筹集风险资本，将其经营理念转化为商业活动的过程。企业的生产经营活动与财政支持密切相关。合理开展创业融资活动，有利于降低创业风险，提高产品转化率，保障企业可持续发展。如果没有足够的资金支持，企业很容易陷入资金链断裂的困境，导致破产、清算和破产。对于新的创业公司来说，他们的技术研发、原材料供应、产品广告、员工工资和技能培训都需要资金支持。此外，当一家公司步入正轨时，其扩张和再生产、产品升级以及并购联盟都需要强有力的资金支持。

（二）创业所需资金的测算

风险投资的计算包括企业初始阶段的各种资本投资，包括显性投资和隐性投资。显性投资是指购买厂房、生产设备、办公设备、生产原材料、员工工资、企业产品推广和其他投入。隐性投资是指工厂装修维护、企业业务发展、员工技能培训、基本保险费、营业税等支出。

在投资支出中，有些是非流动资金支出，而在创业资金中，则是二次支出，如房屋租赁费、生产设备购置费、生产装备安装调试费、厂房装修费。其中一些是流动资本支出，如员工工资、业务发展费用和设备维护费用。部分费用属于企业开办费，即企业筹建至竣工期间发生的各项费用。启动费用包括场地费、收购费、培训费、注册费等。

（三）创业融资渠道

融资渠道是企业筹集资金的方式、方法和渠道。创业融资渠道主要包括私人资本融资、投资机构融资、政府扶持基金等方式。

1. 私人资本融资

这是中国大学生创业融资的主流渠道。私人资本融资分为个人储蓄、亲友投资等。个人储蓄是指企业家将储蓄投资于所创办的企业,表明他们创业的信心和动力。对于初创企业来说,除了个人储蓄,来自家人和周围朋友的资金是最常见的资金来源。向亲友融资时,为了保护各方利益,减少不必要的纠纷,必须运用现代市场经济的游戏规则、契约原则和法律形式来规范融资行为。

无论是贷款还是投资,企业家最好能够以书面形式确定事情,以避免未来的纠纷。此外,企业家在从家人和朋友那里融资之前,应该仔细考虑这种行为对家庭和朋友关系的影响,尤其是创业失败后的困难和磨难。有必要告知亲友未来可能出现的积极和消极方面,特别是创业风险,以最大限度地降低在未来出现问题时对亲友可能造成的不利影响。

2. 投资机构融资

投资机构融资相对规范,一般分为银行贷款、金融机构贷款、交易信贷等方式。银行贷款分为抵押贷款、担保贷款和政府贷款担保。抵押贷款是借款人以其财产为抵押,从银行获得相应贷款的贷款。抵押贷款包括房地产抵押贷款,即土地、住房等;动产抵押贷款,即机械设备、股票债券、汽车等;无形资产抵押贷款,即专利技术、版权等。担保贷款是借款人向银行提供符合法定条件的第三方担保人作为还款担保的贷款。保险公司提供保单质押贷款,即符合一定条件的投保人通过保险向保险公司申请质押贷款。企业家在当铺抵押固定价值的物品以获得相应的贷款。

交易信用是企业在经营过程中通过延期付款和预收贷款形成的信用关系。交易信贷可以在一定程度上缓解创业初期的资金压力,提高企业的资金流通率,维护企业声誉。

3. 政府扶持基金

政府支持基金种类繁多,主要包括中小企业技术创新基金、中小企业国际市场发展基金、再就业小额担保贷款等。作为政府资助中小企业技术创新的一种方式,创新基金与"863""攻关"等国家强制性研发计划以及科技人员的创新成果相衔接,随后是"火炬"和商业风险投资家等高科技产业化指导计划。

此外，也可以选择面向中小企业的国际市场发展基金。中小企业国际市场开发基金，是指政府预算性基金和地方财政安排的专项资金，用于支持中小企业发展国际市场的各项业务和活动。

三、创业资源的整合

资源交换或者更常见的是合作是整合创业资源的核心思想。在创业过程中，获得创业资源方式不是只有全拥有、占有或控制传统意义上的创业资源，而是要寻找到一种合适的方法，保证创业者能够获得这些资源。在这个过程中企业家应该有整合创业资源的思维。

创造性地整合资源必须遵循的重要原则与方法可以总结为以下几点。

第一，确定对尽可能多的资源提供者进行整合。为了整合资源，有必要找到能够提供资源的对象或者找到尽可能多的潜在资源提供者。在获取和控制大量资源之后，需要对其进行合理有效地分配，使其发挥使用效益，以反映这些资源的价值。在集成前，企业资源大多是分散的，效率低下。要使这些资源的价值最大化并产生最佳效益，就必须用科学的方法提炼、配置和激活各种类型的资源，有机整合有价值的资源，使它们相互匹配、互补、增强。

第二，分析潜在资源提供者的利益，并确定共同的利益。记住，商业活动强调利益，因此为了实现资源的最大整合，有必要仔细分析利益相关者关心的潜在资源提供者的利益。

第三，采取一体化机制，让对方先赢，然后自己赢。资源可以整合在一起，需要合作，需要共赢。合作总是有开始的，没有合作的基础，就不容易从一开始就实现共赢。

第四，注重沟通。拥有强大的沟通技能是企业家成功创业的关键因素。当许多人第一次创业时，他们缺乏资源。大量事实也表明，企业家在创业初期可支配的资源几乎微不足道。创办一家小企业不需要太多资金。在企业家将企业规模扩大到一定规模后，与之相比，企业的启动资本可以忽略不计。

第五节　创新产品开发与价值创造

一、创新产品开发

大学生创业公司对新产品的研发能力普遍较弱,引进方式适用性强。然而,该产品的经济生命周期是不确定的,引入需要很高的成本,并有一定的限制。如果采用复制方式,根据样品复制国内外的新产品,开发新产品以快速赶上竞争对手,可以降低成本,提高成功效率。但其总是落后于市场一步,市场份额低于主导新产品开发的企业。解决这个问题的办法是模仿和创新。模仿和创新并不等于抄袭。在发达的市场经济中,合法的模仿创新很常见。因此,模仿方法必须与模仿和创新相结合,以实现发展,从而在市场上获得利益。而通过自主开发获得的新产品是企业发展的最高水平,这个过程也是最系统、最复杂的,主要包括以下几个阶段。

1.构思创意阶段

在构思和创意阶段,需要经历两个步骤:构思筛选和形成新的产品概念。新产品概念筛选是利用适当的评价体系和科学的评价方法,通过分析和比较各种想法,选择最有前景的想法的过程。筛选中有两种类型的错误需要防止:一种是放弃的错误,即在没有仔细深入分析的情况下,不小心放弃了潜力、有前途和有价值的想法,导致机会的丧失;二是选择不正确,是指在评估不准确的情况下,仓促选择没有发展前景或凭企业实力难以实现的想法,造成浪费。新产品的概念是一种主观的想法,公司希望在新产品实际生产之前将其灌输给客户。一般来说,一个完整的新产品概念由四个部分组成:消费者视角、好处、支持点和总结。形成新产品概念的过程是将粗糙的产品概念转化为特定的产品概念。任何产品概念都可以转化为几个产品概念。

2. 新产品设计阶段

产品设计是指从确定产品设计规范到确定产品结构的一系列技术工作的准备和管理。

（1）头脑风暴

脑力激荡,也称为集体思维或智力刺激,包括工作组成员在正常、和谐和不受限制的气氛中以会议的形式进行讨论和讨论。参与者打破规则,充分表达自己的观点。目的是产生新的想法或激发创新的想法。这种方法能够获得广泛的信息和想法,相互启发,汇集他们的想法,在大脑中掀起头脑风暴,从而激发规划者的思维,并提出优秀的解决方案。通过各国创造性研究人员的实践和发展,这种方法形成了一组创新技术,如奥斯本智力激励方法、书面智力激励法、卡片智力激励法、反向脑力激荡法和结构脑力激荡法。脑力激荡的实施可分为三个阶段和六个步骤。

（2）六顶思考帽

六顶思考帽(six hats thinking)提供了全面思考问题的"平行思维"工具,使团体中无意义的争论变成集思广益的创造,使每个人变得富有创造性。

六顶帽子的组织如下:

①白帽出场,准确清晰地描述问题。所有问题的讨论都要关注问题背景和问题本身,这是起点。

②绿帽出场,讨论问题的解决方案。这个阶段要站在务实的、解决问题的立场上献计献策。

③黄帽出场,评议方案的优点。任何一个措施,一定能找到值得借鉴的地方,找出优点,有利于我们集思广益。

④黑帽出场,讨论方案的缺点和潜在风险。黑色的角色不是泼冷水那么简单,它要理性地分析"最坏情况"。

⑤红帽出场,方案出来了,首先要靠直觉来分析哪些可行,哪些有问题。直觉是宝贵的财富,直觉背后要去分析,去阐释。

⑥蓝帽出场,总结讨论成果,得出结论。讨论要有始有终,蓝帽要从有秩序的角度,对会议做收尾,并公示共识。

（3）产品原型设计

为了让用户更直观地理解和体验产品而构思和设计的产品的近似

草案版本称为产品原型设计，或概念原型设计。产品原型设计起到以下作用。

①对客户而言，可以让客户更加明确自己需要的产品，让他们对产品有个感性认知、体验并确定功能是否符合需要。

②对开发者和测试者来说，有了原型，可以直观地理解产品具体要实现什么样的功能，如何实现，这样实现对不对。

从价值角度来看，产品原型设计是一种具有独特价值主张的产品理念，针对用户需求，尤其是客户潜在的核心需求。市场产品适应过程包括功能细节设计、工程技术、制造设计和市场投放设计。概念设计和产品市场适应构成了产品设计的整个过程。

原型设计关键要素如下：在用户需求阶段，主要是确定用户潜在的核心需求。为了确保开发的产品是用户想要的，产品原型很重要，可以清楚地表达产品的设计。基于原型的设计实际上是在产品定义之初引入敏捷开发，通过高速迭代优化 MVP 来解决痛点。

MVP 是 Eric Ries 在《精益创业》中提出的一个概念，意思是最大限度地减少可行的产品。这是一种通过快速和可持续的持续验证和纠正来完成产品的方法。对于创业团队来说，这是一种非常重要和有价值的产品方法，它可以让团队快速验证他们的目标是否正确，快速尝试和错误，快速纠正，并最终完成一个稳定的产品。

MVP 不是单一的产品形式，而是一个连续的迭代过程，并不要求每次迭代都设计一部分产品功能，而是每次迭代都必须提供一组最小的可用功能。今天，尤其是对于互联网创业团队来说，创业环境和资源足以在一两周内完成一个小产品。创业团队不断努力，一点一点地发展产品，使其适应当前的市场变化。由于市场条件的变化，这很难思考。通过 MVP，我们可以逐渐适应市场，逐渐成为市场接受的产品。

产品定义是概念设计的结果，而产品需求文档是产品项目从"概念化"阶段进入"绘图"阶段并绘制产品原型的最重要文档。产品原型可以是手动草图的形式，也可以使用 Axure、Mockplus 和墨刀等工具绘制。

这个过程可以扩展到完成所有工作图的设计。一般来说，它包括初步设计（技术规范的编制）、技术设计和施工图设计分为三个阶段。特别复杂和重要的产品设计过程包括技术规范（技术方案）、初步设计、技术设计和施工图设计等阶段。

与传统的设计思维不同,以市场和客户为中心的设计注重产品与市场的匹配,强调产品经理的重要性。产品经理负责市场研究和用户需求,决定开发哪些产品和选择哪种商业模式,并推动开发组织、营销运营和产品战略等全生命周期管理工作。

3. 新产品试制与评价鉴定阶段

新产品的试制包括样品试制阶段和小批量试制。样品试制用于对产品的设计质量进行评估,测试结构、性能和主要工艺,验证和更正设计图纸,产品的结构和可加工性,审查主要工艺中存在的问题,最终完成产品设计。小批量试生产属于工艺准备,用以对产品工艺进行测试。试生产后,有必要对新产品进行鉴定,并从技术和经济方面对其进行综合评价。完成新产品样品鉴定后,企业可以进行小批量试生产,并在选定的具有代表性的目标城市选择和改进营销计划,这可以启发或指明改进营销策略的方向。

4. 生产技术准备阶段

新产品试销后,根据目前的市场反馈进行修改和定型后,正式投入批量生产。在正式生产前,要做好一定的生产技术准备,完成从原型(或样品)试制到正式生产的过渡,包括原型(或样本)设计的工艺分析、工艺规程和计划的编制、检验规范和劳动计划的制定。

5. 正式投产销售阶段

生产规模是新产品正式生产过程要面临的首要问题。整个生产规模从相对较低的数量水平开始,是一个增量放大过程。消费者对产品购买力是生产规模扩大与否的关键因素。在新产品商业化的过程中,要落脚于市场需求,这是新产品开发成功最关键的一步,也是新产品营销的重要环节。

二、创新产品价值创造

（一）创新的价值定位

1. 微笑曲线

微笑曲线是一条具有微笑嘴形状和附加值曲线的曲线，两端朝上。中间阶段的生产和制造业增加值最低。微笑曲线的中间是制造业；左边是研发，属于全球竞争；右边是市场营销，主要是区域竞争。"微笑曲线"理论指出，要获得高附加值和高收入，就意味着要加强技术、人力资源、资金和时间的投入，从品牌特征、产品质量、产业链和商业模式等角度定位创新设计，挖掘高附加值设计。

2. 产品整体概念

根据现代营销理论，产品的总体概念包括核心产品、有形产品、附加产品和心理产品。一些理论还延伸到预期产品、潜在产品等层面。客户在购买某种产品时，往往会根据自己过去在结算费用和企业营销推广方面的经验，对想要购买的产品形成预期。然而，如果客户没有收到这些，他们会非常不满意。潜在产品要求企业不断寻求新的方式来满足客户，并不断将潜在产品转化为现实的产品，以使客户获得更多意想不到的惊喜，更好地满足他们的需求。在当代科技快速发展、消费者需求加速变化、市场竞争激烈的背景下，企业应根据市场需求，从产品功效、包装、款式、安装、指导、维护、品牌和形象等各个方面进行创新设计。

（二）创新企业营销管理

很多大学生在创业时，关注的是某一个有发展空间、未来是明星行业的行业，或者是一个尚处于起步或培育期的行业。大学生的兴趣转化为商业行为，不仅带来了经济效益，更重要的是，最大限度地提高了他们的精神享受，满足了自我实现的需要。一个完整的创业营销计划应该包括以下基本要素。

（1）创业营销环境分析。指能够对企业营销活动及其目标实现产生影响和限制的所有外部环境的总称。营销环境不仅能带来营销机会，也可能反向威胁到企业的营销活动。对企业营销环境进行分析，发现新的市场机会，以采取有效的营销策略，从而取得最后的胜利。

（2）创业营销市场分析。当确信宏观环境不会对产品进入市场构成重大威胁，或者面临的威胁得到解决时，可以通过分析产品进入新的市场。创业营销策划主要围绕市场机会展开，营销策划旨在将市场机会转化为市场收入和企业利润。然而，机会总是与风险共存，在抓住机会时，必须尽可能将风险降至最低。很多人之所以创业失败，是因为他们在抓住机会时忽视了风险，或者在没有抓住机会时增加了风险。当风险开始发挥作用并失控时，就会导致创业失败。因此，创业营销策划必须明确创业营销过程中必须把握的市场机遇和必须注意的风险，并找到降低风险的方法。

（3）创业营销目标市场确立。创业营销规划的关键就是做好目标市场的规划。为了建立一个最有成功潜力的目标市场，有必要对产品将要进入的市场进行细分。选择目标市场时，可适当遵守可访问性、增长性、容量和安全性等一系列原则，在此前提下，对所选择的可能目标市场的容量进行测量。只有符合创业营销要求的才能最终确定为进入市场。

（4）创业营销目标确立。营销创业阶段要确定创业营销目标并尽量达到这一目标。根据目标市场容量、产品特征、资源能力和竞争程度等指标，建立创业营销目标，如渠道目标、品牌目标、生产目标、销售目标、利润目标、市场目标、竞争目标。

（5）精心撰写营销计划书。信息收集完毕就可以编写营销计划，营销计划旨在回答以下三个问题：企业背景、优势和劣势，以及竞争对手的背景；未来12个月新创业公司的目标；实施的具体营销策略，说明实施的时间、实施的负责人和监督的负责人。

第五章

高校创新创业人才培养的创新路径

在对创新创业人才进行培养的过程中，高校的教育效果是非常明显的，并且对创新创业的发展与实施也越来越关注。但是，在各个高校的具体实施过程中，大学生的创新创业意识仍然比较薄弱。大学生对创新创业的认识存在偏差，对创新创业的影响较大。创新创业教育以培养高质量的创新型应用型人才为目标，强调培养创新意识，提高创新创业能力。本章主要探讨高校创新创业人才培养的创新路径。

第一节　国内外高校创新创业人才培养的经验启示

一、国外高校创新创业人才培养的经验

（一）美国百森商学院创新创业人才培养经验

百森商学院是世界上最早开展创新创业教育的高校之一，它在创新创业教育的每一个方面都具有独特的优势。它遵循强化意识的指导方针，旨在丰富培养对象的思维方式，增强冒险精神，增强进取心和创造力，并注重培养学生对变化的环境及市场的洞察和把握能力。

1. 预见性的教育理念

百森商学院在创新创业人才培养中的前瞻性表现为两个方面：在时间上的前瞻性；在教育观念上的前瞻性，即在价值观上的前瞻性。

创业教育有它的价值导向，人们对它的观点也不一致。有人认为，它最大的价值在于可以大规模、迅速地培育出一批创业者。对于大学来说，也就是通过对各类有关能力的培训，来帮助那些想要创业的大学生，提升他们的创业成功率。当然，也有一些人对此持反对态度，比如蒂蒙斯教授，他认为这并不是一种快速成长的方法，而是一种功利主义，让那些被称为"企业家"的人失去了远见。他认为，学校的创业教育和就业培训有着本质性的不同，这一差异主要表现在，学校的创业教育更具前瞻性和预见性，它不是以对当前快速的创业技能进行的培训为基础，而是将重点放在了对学生进行全面的创新创业思维的培养上，并且这种思维还具有一定的延续性。蒂蒙斯教授认为，以前瞻为核心的创业教育思想，其终极目标就是为"创业革命"的人才培养与储备。

2.完备性的课程体系

美国高校在培养创新创业人才的过程中,几乎可以从百森商学院的创业课程中找到,这是一种扩展,并根据自身情况进行调整的模式。百森商学院的课程设置也远远领先于国际上其他大学,20世纪90年代初期所制定的课程设置受到了广泛的关注,并受到了广泛的欢迎。它的课程体系主要包括了五个方面,分别是:在动态环境下的战略与商业机会;与特质相匹配的潜在创业者;创业所需的资源获取与商业计划撰写;融资能力的提升;以及帮助个人精准成长。百森商学院的创业教育,是将创业教育和创业教育结合在一起的,创业教育帮助创业教育,创业教育帮助创业教育,创业教育帮助创业教育。

3.创业精神

创业是一种积极主动的对外部环境的探究,与此相对应,大学创业人才的培养也不可能一潭死水。百森商学院特别强调"动态性"的讲授,也就是要运用鲜活的实例,与学生探讨创业理论,观察创业环境。不管是成功的还是失败的创业案例,都能够帮助学生进行思考和探索,这样就能够缩短创业理论和创业实践之间的距离。在高校创新创业教育中引入新颖的案例,能够有效地弥补理论与实践的脱节,实现高校创新创业教育的预期目标。

(二)英国牛津大学赛德商学院创新创业人才培养经验

牛津大学赛德商学院是一所多元化的大学,它不仅可以进行学术研究,也可以进行本科基础教育,更可以进行更高层次的研究生教育,它还可以为学生提供更多的创业机会,那就是大力打造创业中心,培育高校创新创业人才。赛德商学院始终秉承着"共生式"教育思想,以学校为依托,以理论研究与创业实践相结合的方法,培育具有创造性思维与创业意识的年轻人。

1.打造"共生式"课程体系

在该课程体系中,重点关注与大学创新创业教育紧密相关的专业群组课程,并加强相关专业的实训训练。它的核心竞争力就是通过收集、整合和利用与创新创业相关的多种要素,创造出一套与以往单向输出的教学和课程体系相区别的新的课程体系,并为学生带来一种沉浸式的教学体验。它注重"人"的整合,也就是要培育"国际化"人才,激发人们思想上的差异性,促进思想上的差异。在具体操作方面,各二级学院将与相关的创新创业教育教研组教师组成一支小型团队,团队的成员将会在全世界范围内进行招聘,任何一个符合创业要求的人都可以加入,这也是赛德商学院在创新创业人才培养上的一个"共生"理念。

2. 开展"商业共生实践"创业实操

在学习理论知识的同时,还应让学生进行创业实践,让他们更好地了解创业环境,更好地掌握市场,在这个过程中,老师还会与学生共同讨论所拟的商业计划。企业是由想法产生的,而想法往往伴随着问题的产生,所以我们在经营中应该以"问题导向"的思想为指导。在赛德商学院的创业实践课程中,将通过三个子项目对学生的创业能力进行测试,包括创业计划的编写、创业问题的解决、创业战略的构想等。设计实验题的主要目标在于帮助大学生对创业知识的掌握与更新,提高对创业环境的适应性。

3. 建立"校域共生互动"创业孵化基地

一个人的创业是很困难的,这需要很多人的帮助。创业本身是一种多主体协同共生并为其提供相关服务支持的创新体系。牛津大学赛德商学院已经建立起了一套完整的企业孵化体系,在这里不仅可以让同学们自由地交流自己的想法,同时也会有一位创业导师,对有想法的同学进行指导,帮助他们将想法转化为实际的企业,并且在孵化的同时,还会尽可能地帮助同学们弥补资金和经验上的不足。

(三)韩国汉阳大学创新创业人才培养经验

汉阳大学创新创业人才的培养坚持"目标导向",以具有创业精神的大学生为主体,并非所有人都必须学习这些课程,汉阳大学把学生当作"准企业家"来培养,重点提高学生在创业和管理企业时应该具备的素质、态度和能力,特别是在创新思维和能力方面。

1. 政策保障

韩国政府在 20 世纪 80 年代就开始对创业教育进行扶持。在经历了十多年的反复后，其对创业教育的政策扶持开始有了偏重，并着重于大学的创业教育。汉阳大学作为韩国第一批"LINC+"和"LINC+"培养基地，具有较好的创业教育资源，这也是汉阳大学"LINC+"培养模式得到迅速发展的关键。

2. 课程体系

汉阳大学在国家政策和经费的扶持下，创新创业教育取得了良好的发展，形成了一套完整的、独具特色的课程体系，例如，在"创业型"本科的基础上，还开设了大量的"创业教育"课程。汉阳大学在创新创业方面，不仅以理论为主，还以实践为主，例如，"顶点设计作业""个人品牌计划"和"以专利为核心的学习系统"等。此外，还开创了创业代替学分的认定制度，其主要目标是帮助高校创业实践学生摆脱学习困境。

3. 整合校外资源

汉阳大学除了在校内大力支持创业教育之外，也在努力争取校外的资源，比如"配捐"，就是给那些通过政府资助的学生发放一笔相当于他们创业经费的奖学金。此外，汉阳大学还会定期举办六次投资者关系交流会，以吸引更多的社会资本，对校园内有发展前景的创业项目进行投资和扶持，并将校园内和校园外的资源结合起来，以促进创业教育。

二、国内高校创新创业人才培养的经验

（一）清华大学创新创业人才培养经验

在创新创业领域，清华大学根据自己的实际情况，与相关部门合作，制定了一项全新的"创新创业"课程，打破了传统的教育和教学模式，鼓励学生跨领域学习，开设了一系列的专业学位课程，如图 5-1 所示。

专业学位课程 → 互联网金融创业本科生辅修专业

技术创新创业本科生辅修课程

TSBI交叉创新研究生学位课程

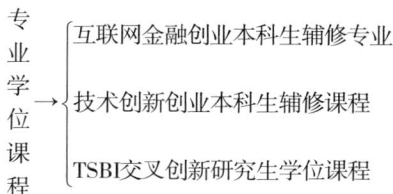

图 5-1　清华大学创新创业专业学位课程

在实习方面,清华大学为学生提供了丰富的实习平台,如未来兴趣团队、清华 i.Center、"创 +"、x-lab 等,学员从有创意,到有创意,再到有创意的创新,再到成功的创新,整个实习过程中,学员都能得到很好的锻炼,并能锻炼出一大批优秀的学员和实习团队。

校企合作,产学研结合,清华重视与校外高校、政府、科研机构、企业等机构的合作,共同推动科技成果的孵化,并将外部的支持投入将项目转化为实际的生产力。比如,20 世纪 90 年代,清华大学就成立了"企合委",并与国外的著名企业进行了广泛的合作,目前,国内外的合作机构已经达到了 190 个之多,这也是为什么很多机构都在大力支持的原因。同时,清华大学还通过校地合作,与佛山市建立了一系列的科研院所,利用当地的资源和学校的科研成果,开展了一系列的科研项目,为培养高质量的创新创业人才提供了强有力的支持。

（二）南京大学创新创业人才培养经验

南京大学作为培育人才的高等学府,在创新创业人才的培养上做了很多工作,已建立起"五位一体"的教学体系(课程、讲堂、训练、竞赛、成果孵化),"四创融合"的创新孵化平台(创新创业),"三个协同"的创新支撑服务系统(校政企业合作),重点从课程(图 5-2)、平台建设(图 5-3)和实践培训三个层面进行创新创业人才的培养。

南京大学开设的双创课程

平台课
《创新创业战略》
《大学生创业案例研究》
《阿甘创业学堂》
……

嵌入式专业课
《智能系统中的嵌入式应用》
《环保产业的创新创业》
《数据科学与创新》
……

行业课
《大数据中的数据同化》
《IT前沿及商业企划》
《人工智能基础与产业发展》
……

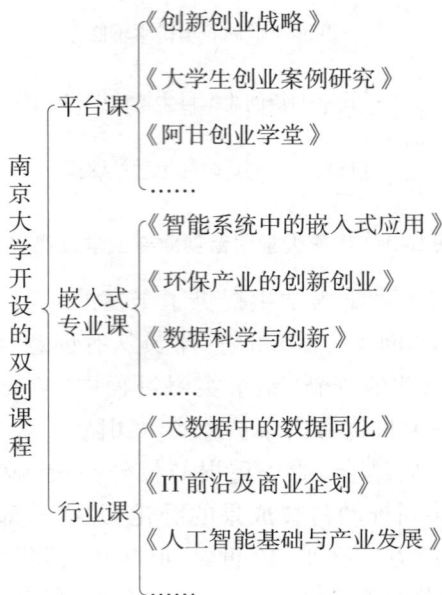

图 5-2　南京大学开设的双创课程情况

（三）西安交通大学创新创业人才培养经验

西安交通大学是一所具有代表性的创新创业人才培养西部高等院校，在 2017 年被教育部评为了全国优秀院校，具有科学、完备的教育思想，提倡从"成人"向"成才"的转变，建立了"四位一体"的教育模式，强调学生的道德修养，在教学与实习中完成知识的传授，培养学生的各种创造力，鼓励学生的思考与创新，重视学生的创业实习培训，积极推进产教融合、校企合作，与创新人才培养的目的相适应，推动创业项目的孵化与落地。

1.构建创业实践教育服务体系

西安交大在培养综合性高素质的创新创业人才的过程中，以培养学生的创新精神和良好的人格品质为目标，期望通过这种方式来提升学生的创业能力，从而激发他们的创业热情。为此，西安交大根据自身的创新创业发展现状，建立了一个"三库一沙龙两比赛一平台"的创业实习教学服务系统（图 5-4），并将重点放在了学生的实习培训上。

南京大学创新创业平台建设和其重点项目

- 产学融合"校园众创实训平台"
  - "五位一体"创新创业教育体系
  - "科创之星"大学生众创空间
  - 大学生创业园
  - 现代工艺人才双创技能实训基地
  - 精准药物创新中心
  - 创新创业在线教育平台
  - 创新创业导师库

- 校地共建"科技成果转化平台"
  - 微纳制造科技成果转化分平台
  - 环保科技成果转化分平台
  - 生物医药科技成果转化分平台
  - 新材料科技成果转化分平台
  - 光电器件科技成果转化分平台
  - 智能化软件新技术科技成果转化分平台
  - 线上线下技术成果交易平台

- 校企协同"文化创意产业平台"
  - 影视产研中心
  - 创意营销产研中心
  - 数字媒体产研中心
  - 戏剧产研中心
  - 城市与建筑设计产研中心
  - 美术产研中心

- 国际合作"创新创业支持平台"
  - 双创数据库建设项目
  - 双创研究报告和指数报告项目
  - 双创理论政策研究项目
  - 双创人才培养研究项目
  - 双创国际合作研究项目
  - 双创发展高层论坛项目

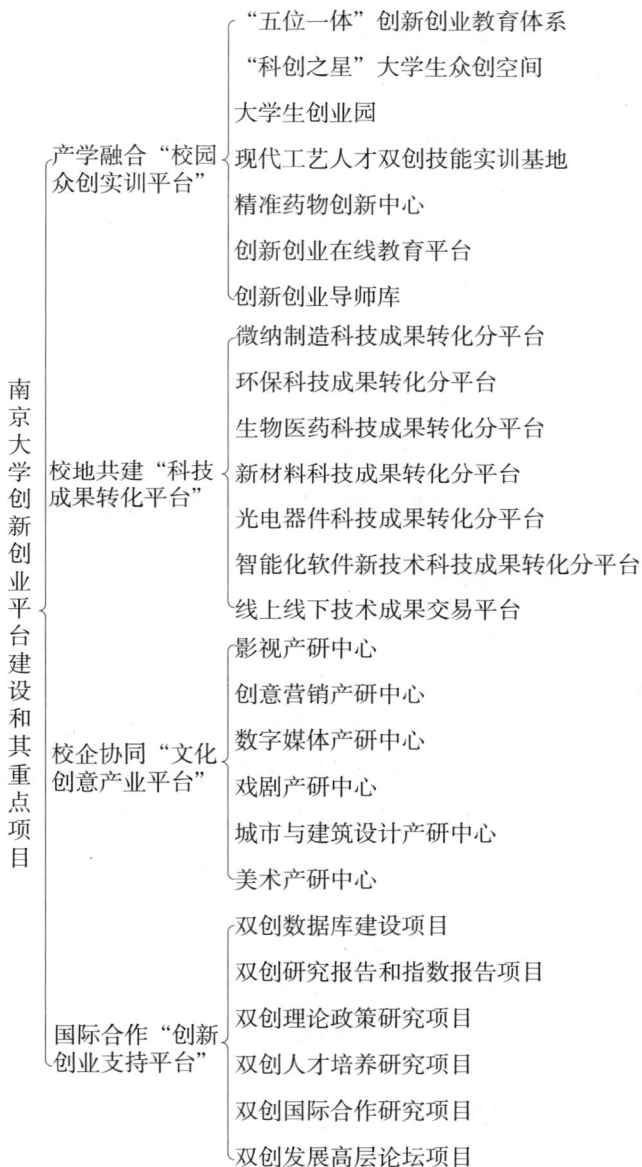

图 5-3　南京大学创新创业平台建设和其重点项目

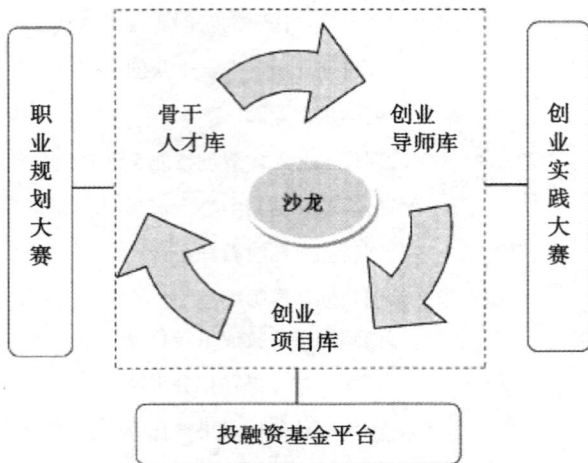

图 5-4 "三库一沙龙、两赛一平台"创业实践教育服务体系

2. 多方合作共促创新创业人才培养

在培养创新创业人才方面,学校与西安高新区共同建设了一个大型的实践性教育基地,为学生提供了实习的场地和资源,并在此基础上投资了一亿元的创业项目,为创新创业项目的研发和培养提供了充足的经费,这样与外部长期稳定的合作不仅为创新创业人才的培养打下了坚实的资源基础,也促进了行业的高质量发展,达到了"双赢"的效果。

3. 创办与科研院所、企业合作的"菁英班"

西安交通大学是我国"校企合作、校所合作"创新创业教育的先行者,依托其一流的教学实力与科研实力,与国内外多家科研机构及大企业合作,建立"菁英班"(图 5-5),构建"菁英班"的教学模式。

三、国内外高校创新创业人才培养的启示

(一)塑造正确的创新创业教育理念

在人才培养的整个过程中,都要有一种科学合理的教育理念,要想培养出一种应用型的高素质创新创业人才,就必须要有一种正确的创新创业教育理念。不管是中外大学,都特别注重对创新创业人才的培养,例如,美国百森大学的"前瞻"教育思想,提倡全面的创新创业思维,反对"一蹴而就"的教学方法;清华大学将"创意""创新"和"创业"融合到创新创业教育中,培养出一批开拓性的高素质创新创业人才。

共建单位 → 菁英班

西安交通大学 +

- 自动化所 → 自动化菁英班
- 中科院自动化所 → 机器人菁英班
- 中国科学院空间应用工程与技术中心 → 太空应用工程技术菁英班
- 中国航天系统科学与工程研究院 → 钱学森学院航天菁英班
- 国家增材制造创新中心 → 机械工程(3D打印国际菁英班)
- 建行大学 → 建行金融科技菁英班
- 中国航天科技集团 → 航天菁英班
- 中国核工业集团有限公司 → 中核菁英班
- 特变电工股份有限公司 → 特变电工研究生"菁英班"
- 中国航空发动机集团有限公司 → 航空发动机菁英班
- 曙光信息产业股份有限公司(中科曙光) → 先进计算菁英班
- 湖南国芯半导体科技有限公司 → 功率半导体国芯菁英班
- 华为技术有限公司 → 云计算技术菁英班
- 中兴通讯股份有限公司 → 中兴通讯无线通信菁英班
- 北京思特奇信息技术股份有限公司 → 思特奇大数据应用菁英班
- 华西能源公司 → 西安交大-华西能源菁英班
- 汇丰集团 → 汇丰金融科技菁英班
- 360公司 → 网络空间安全菁英班
- 百度公司 → 大数据人工智能菁英班

图 5-5 西安交通大学与著名科研院所和龙头企业共建"菁英班"情况

(二)健全高校创新创业课程体系

现在,有些大学把创新创业课程当成了一种"调味品",而不是一种"必需品",他们没有把这门课程当成一门专业课来对待,也没有把这门课程与其他学科的专业课程结合起来,更没有把这门课程与其他学科的专业课程结合起来,因此,他们在学习的时候没有认识到这门课程的重要意义,这就很容易产生一种错误的想法,甚至是一种为了完成任务而学习的坏习惯。

为此,我国高校要在学习和借鉴世界一流大学成功经验的基础上,加强对创新创业课程的设置和完善。课程的设计要注意学生的差异性、学习程度的阶段性,注意与其他学科进行交叉融合,鼓励学生在专业内研究、跨学科研究等方面进行创新创业研究。与此同时,还要增加一门创新创业实践课程,在课堂上采用多种教学方式,在实践中对理论知识进行检验,课堂上多引用案例,模拟创业训练,打造高质量、高效益课堂,这样不管创业者在创业过程中面对的环境有多复杂,遇到的问题有多棘手,也能以积极平和的心态去面对。

（三）重视创新创业实践训练教育

实践是对理论知识进行检验的最主要方式,国内外具有丰富创新创业经验的大学都对创新创业实践培训给予了高度的重视,在各种类型的创新创业实践基地、实践平台等方面投入了大量的资金,从而促进了创新创业的深入发展。高校应该对创新创业培训给予足够的重视,整合各方面的资源,建立一个创新创业的实践平台,让学生们在这个平台上更好地参与到创业的实践中去。在充分的资源和平台下,对学生们展开模拟的创新创业培训,并配备一支专门的创新创业导师队伍,对他们进行指导并促进他们的发展。在这种广泛的、多角度的、高标准的教育和管理下,将大学生们的创业风险降低到最小程度,激发学生们进行创新创业的积极性和持久性,从而促进高校的创新创业人才的优质培养。

（四）加强高校与社会力量合作对接

英国赛德商学院、韩国汉阳大学、清华大学、西安交通大学等多所高校都高度重视与企业的密切合作,整合各自的优势资源,为产学研结合奠定了坚实的资源和技术基础,推动科研成果在该培训基地的早日实现转化,奠定了坚实的科研基础。所以,大学与社会之间的协作与联系,是培养创新创业人才的一种主要方式,大学应该加强与其他院校、政府、科研机构、企业、社会组织等方面的协作,以达到多方面的协作,在理论、实践、科研三者之间形成紧密的联系,让学生能够充分地利用学校内部和外部的良好资源,进行自主学习,有目标、有计划、有针对性地进行实践研究,从而有效地提高了学习和实践的效率,着重于对学生的创造性思维和实践能力的培养。

第二节　完善我国高校创业教育模式与体系

中国高校的创业教育经历了 20 余年的实践与摸索,提升了大学生的创新能力和创新意识,成绩斐然,并且形成具有特色的创业教育模式。本节主要以中国人民大学、北京航空航天大学、上海交通大学、温州大学为典型代表对高校创业教育模式的优势与不足进行分析,然后总结出高校创业教育模式的特征,最后提出如何完善我国高校创业教育模式。

一、我国高校现行创业教育典型模式

（一）融入式创业教育模式

融入式创业教育模式是把创业教育与高校素质教育相融合,注重第一课堂和第二课堂的有机融合,充分发挥两大课堂的教学作用,培养学生的创新能力与意识。中国人民大学是融入式创业教育模式的典型代表。中国人民大学是全国知名的高校,是全国首批开展创业教育的试点性高校之一。该校始终秉承着"以创新为主旋律"的办学宗旨,充分发挥学校的人文社会科学学科的优势,将创新创业教育与"立德树人"的办学理念相融合,推进创新创业型人才培养模式变革。中国人民大学以提升学生整体创业能力素质为重点,把创业教育与学校的素质教育相融合,强调"重在培养学生的创业意识,构建创业所需知识结构、完善学生综合素质"。

1. 融入式创业教育模式的优点

融入式创业教育模式具有下列特点。

第一，高校创业教育不能脱离实践只谈理论，要两者同步推进。创业教育理论课程主要通过必修课和选修课进行；实践课主要以创业计划大赛、创业讲座、创业比赛为主，还有一小部分的学生会被选中，到高校创业园区进行孵化培养，而自己能创业的学生更是少之又少。将第一课堂上学到的创业教育理论知识应用到第二课堂的创业教育实践中，能够最大程度地提高学生的创业能力。

第二，在培养学生创业能力的同时，不能忽视其创业素质的培养。将创业教育与其他学科教育相融合，对学生的创业思维会形成潜移默化的影响，对学生的创业素质的培养、创业能力的提升、学生创业意识的激发均具有一定的推动作用。

2. 融入式创业教育模式的不足

许多高校的创业教育采取融入式，但该模式存在以下两点不足。

第一，虽然将创业教育与其他学科进行融合，但是跨学科融合的案例很少，如中国人民大学的强势学科是人文社会科学，在理工类创业教育的交流方面表现得就很一般，而与多学科或者跨学科进行融合，往往能获得与同类单一学科融合无法获得成绩。

第二，缺乏目标导向。融合型创业教育是"面"型的，即在规模和影响效果方面做得相对较好，而在"点"上，即针对性不够强。

（二）实践型创业教育模式

北京航空航天大学（简称北航）在创业教育上以培养学生的实践能力为宗旨，是典型的实践型创业教育模式。

1. 实践型创业教育模式的优点

创业实践通常是创业最困难也是最重要的一环，创业实践是对创业理论知识、创业素质及创业能力的综合应用，将平时所学的理论知识运用到实践中，通过实践自己检验理论知识的掌握情况以及应用的灵活程度，发展自身的不足，自身的创业能力是否存在不足的方面，以及创业素质是否需要加强，找到不足之处，针对自身的不足进行强化学习或训练。北航的创业教育体系较为成熟，不仅为创业教育提供理论结合实践的基地，还有以市场为导向的配套教学，激发学生创新创业的热情，发掘、培养创新创业人才，为学生创业实践搭建良好的培训及服务平台。

2. 实践型创业教育模式的不足

实践型创业教育模式与融入式创业教育模式不同的是，它属于"点"上的创业教育，针对性强，以"种子选手"的遴选与培养为重点，但对于潜在的创业教育群体的培养还有很多需要改进的地方，如宣传力度、广度、亮度不够，氛围不够浓厚，这些方面都需要加强。另外，尽管在实践教学方面已经形成体系，但是理论教学方面不成体系，这主要归咎于学校创新创业教育的侧重点不在理论教学上，进而人力、物力、财力的投入与实践教学相比相差甚远。但这也并非只是该模式的缺陷，我国的创业教育模式或多或少都存在这个问题，需要改善。

（三）"一体两翼"型创业教育模式

"一体两翼"型创业教育模式也可以被认为是一种综合型创业教育模式，其中"一体"是指以创业学院为平台，全方位地开展创业教育管理；"两翼"是指 在"点"上突破，在"面"上覆盖，即分层次的创业教育。上海交通大学的创业教育经过十多年的发展与实践，无论是对学生创业意识、创业能力、创新思维的培养上，还是创业教育的支持平台构建和创业教育资源供给上，优势都十分明显，特色十足，是"一体两翼"型创业教育模式的典型高校之一。

1. "一体两翼"型创业教育模式的优点。

"一体两翼"是目前国内较为成熟的一种创业教育模式，结合上海交通大学创业教育发展具体情况，分析"一体两翼"型创业教育模式的优势，可以总结出以下两点：创业教育学院的有型运作。

第一，创业教育学院的有型运作。高校创业教育的运行不是单靠某个部门就可以完成的，需要各个部门相互配合，通力协作，这样就需要有专门的机构对资源进行合理配置，工作进行合理安排，否则工作不能顺利开展，阻碍创业教育的发展。

第二,在"点"上突破,在"面"上覆盖。"面"指的是创业教育教学具有一定的规模,宣传力度、广度、亮度强,"点"是指选拔出"种子选手",并对其进行重点培养,侧重于对学生进行"种子选手"的。通过"点面结合",大学生的创新意识、思维与创业能力、素质都能快速得到提升。

2."一体两翼"型创业教育模式的不足。

尽管"一体两翼"型创业教育模式在"体""点""面"等方面已有了一些成绩与进步,但仍存在一些需要改进与加强的方面。如理论教学不成体系,最明显的体现是教材不够专业,内容不随着社会与科技的发展更新,没有考虑到不同层次的学生的接受程度,学生需要的是内容与时俱进、体系完整、专业性强,且根据自身的情况可选择适合自己的创业教育理论教材。而究其根源,则在于目前国内缺乏专门从事创业教育教学研究的教师,尽管有关创业教育的相关文献颇多,但对该学科进行深入研究的专家却并不多,存在较大缺口。

(四)区域特色导向型创业教育模式

区域特色导向型创业教育模式,就是高校在开展创业教学时,要综合考量所在地区的文化、资源和社会氛围等方面的要素,以学校本身的发展和社会、高校、学生的需求为基础,来建构的一种模式。温州大学就是典型代表。

1.区域特色导向型创业教育模式的优点

地区的文化、经济和社会等因素对区域特色导向型创业教育模式的影响作用很大,因此,在区域经济环境影响氛围内,高校创新创业教育要结合区域环境与产业优势调整自己的功能定位,走特色发展之路。区域特色导向型创业教育模式的优势体现在以下两个方面:一是区域特色鲜明;二是注重"产学研"的结合。

2.区域特色导向型创业教育模式的不足

区域特色导向型创业教育模式存在以下两个方面的不足。

第一,创业教育与专业教育相融合是区域特色导向型创业教育模式强调的重点,但忽视了创新教育。出现这种情况的原因是:校企合作一般只是让学生去企业实习,限于学生的水平与能力,企业一般只会让学生做一些简单、重复性的工作,不会接触到具有创造性的工作,学生实践的最大收获就是知道了岗位职责与工作流程,仅此而已。所以校企合作要加强深度,实现优势互补,共同创新。

第二,理论教学不成体系,这也是我国高校创新创业教育存在的通病。

二、我国高校创业教育模式典型特征

创业教育模式从建立之初到成熟的过程中,不仅需要投入大量的人力、物力和财力,还需要根据时代的变革、科技的发展、资源环境的变化,不断对其结构、内容、形式进行调整,要与时俱进,不能固守自封。本节主要对我国高校创业教育模式进行分析,总结其典型特征,这也是完善创业教育的一种方法。

1. 创业教育目标

创业教育目标是开展创业教育的目的,因为不同的高校创业教育的发展肯定存在差异,有的发展迅速已经形成一套较为成熟的模式体系,而有的高校的创业教育可能还处于起步阶段,或者是在不断完善之中。高校不同,创新创业教育的目标与定位也就不同,而侧重点也就随之发生变化。通过前面的分析可知,虽然我国高校创业教育模式的目标、定位、侧重点都各不相同,但是重点相同,就是培养学生的创新意识与思维、创业能力与素质。

2. 创业教育教学形式

教学方式包括教学模式、教学策略、教学手段和教学方式。关于创业教学的教学形态,我们可以把它看作是在教学中反映的一种教学方法、手段和模式。在这四种方式中,融入式的创业教育方式指的是将创业教育与专业教育相结合,在教授学生专业知识的同时,对其进行强化的创业教育。但是,因为目前在国内对融入式创业教育的投资还没有得到足够的重视,所以在教学方式上,仍然以理论性的授课方式为主要内容,缺乏对企业的实践活动,这就造成了创业教育的教学方式与传统的课堂没有太大差别。实践型创业教育模式,其最显著的特征就是重视实践,所以,相对于传统的教学方式,它融入了更多的实践、培训、交流的过程,在这种方式上,它已经取得了一定的进步,然而,在非实践的过程中,它仍然倾向于简单的理论讲解。"一体两翼"的大学创业教育是一种综合性的大学,它的课程涵盖了大学的所有课程,所以它的课程类型比较丰富,但因为大学的课程制度还不够健全,所以它的课程类型还没有建立起来。地域特征为主导的,"以地域发展为基础"的,"以创业为本"的,"以实践性强"的,"创业"的,"实践性",其在"实证性"的教学方式上也有类似于实证性的问题。尽管我国高等学校已形成了一种独具特点的创业教育模式,但该模式仍不够成熟,仍处在探索和发展的过程中,缺少了对其进行的研究和专业化的指导,所以不论是在理论教学形态上,还是在实践教学形态上,都存在着一定的缺陷。目前,国内的创业教育大部分仍采用的是传统的教学方式,其教学方式比较简单,尤其在实际操作方面比较缺乏。

3. 创业教育课程设置

当前,我国高校的创业教育课程体系是以基础课、专业课和实践课为主的。创业教育的基础课主要是培养大学生的创业意识、创业素质和商业道德。创业教育实习课程是以创业竞赛、创业训练、创业拓展训练为内容,旨在从多个方面对大学生创业思维与能力进行全方位的培养。根据前面对我国创业教育模式的介绍,可以看出,我国创业教育的课程大部分包含了理论课程和实践课程两部分。比如,融入式创业教育模式在理论课程设置方面种类较多,并且还涉及实践课程。与其他模式相比,实践性创业教育模式在实践性方面更具优势。然而,因为在国内,对创业教育的研究仍处在较浅的层面,理论课程缺乏系统的系统,实践课程也多集中在对创业竞赛、商业计划书、创业报告的指导上,缺乏一个完整的计划,也没有一个完整的层次,所以很难对学生的创业能力进行全面的提升,这就是我国高校创业教育模式所面临的问题。

4. 创业教育师资力量

创新创业教学团队的建设,除了要有扎实的基础理论知识外,还要有足够的创新创业实践经验,只有将理论与实践有机地结合起来,才能更好地把学生带到课堂上,因此,为大学生提供一支"双师型"的教学团

队是非常必要的。但当前高校创新创业师资力量薄弱,对教师的培训管理体制也不完善,

一方面,根据创新创业人才培养的需要,高校十分重视对教师进行与创新创业有关的理论知识与实践训练,但大部分高校并没有针对创新创业教师的训练与管理体系,只是偶尔训练一、两次是远远不够的,无法对已有创新创业课程的老师展开系统性的训练,在采访过程中,老师们所说的训练,也只是强化了他们的理论知识,在实践训练上还是缺乏的,因此,他们很少有选择地安排老师到企业里去实习,即使有,其申请的过程与手续也很复杂,老师们的热情也很低,这给老师们带来了很大的压力。另一方面,在高校创新创业方面,对教师的管理缺少激励。近年来,随着国家加大对创业教育的投入,我国的创业教育教师队伍也在逐步壮大,但在整体上,教师队伍仍处于较弱的地位。从整体上看,不论是学校内部的老师,还是外部的老师,他们的人数都远远不能满足企业对他们的要求;从教师的素质来看,目前我国大学的创业教育还缺乏学科、专业的带头人和学术骨干。

5.创业教育支持体系

创业教育是一个综合性的教育体系,它的支撑体系既有学校的支撑,也有政府和社会的参与。在高校支撑体系方面,主要有创业教育的科研机构和创业孵化平台;在创业教育中,政府对创业教育的支持主要体现在政策、资源供给、创业教育环境和创业教育平台建设等几个方面;社会对创业教育的支持,主要是提供所需的资金、合作和机会。针对不同的创业教育模式,学校的创业教育支持体系也是各不相同的,比如,融合式的创业教育主要侧重于对创业教育相关学科的综合研究,而实践性的创业教育则侧重于构建创业孵化平台,"一体两翼"的创业教育在学科研究和实践平台两个层面上都有相对平衡的支撑,而以地域为导向的创业教学模式则侧重于创业实践和培训。要对政府支持体系展开分析,需要从国家和地区两个层面展开。从国家层面上讲,目前关于创业教育的相关政策和法规尚处于起步阶段,存在着政策内容零散、可操作性差等问题。区域创业教育支撑体系的建立与区域经济、教育和文化的发展状况密切相关。例如,在经济发达地区,政府对高校的创业教育的支持将会更全面,在资金及资源的投入上也会更充足。而那些不发达的地方,则需要更多的资金。在社会支持体系中,因为最近几年,创业

教育才被人们广泛地谈论,社会对创业和创业教育的接受度还很低,因此,创业服务支持体系建设也不够完善。

三、完善我国高校创业教育模式的对策

(一)指导思想

1. 以提升人才创业素质为目标

创业教育环境包括社会环境、市场环境、自然环境,需要同时考虑三种环境,所以要考虑的因素众多,并且存在着许多利益相关者,因此高校创业教育目标的设定要根据高校创业教育的实际发展情况进行。总的来说,可以分为三个层次:一是为学生全面赋能,提高学生综合素质,其中创业能力和创新意识是重点培养方向;二是创业教育不仅可以为传统高校教育提供有益的思考与借鉴,还起到了一定的完善与补充作用,推进高校教育的综合改革,着力造就拔尖的创新人才;三是推动社会经济和文化层面的发展,创业教育不是为了让每个学生都能自己创业,而是可以激活学生身上的"创业基因",激发市场主体活力,提供更多的工作岗位,促进社会经济健康、有序发展。上述三个层次的创业教育目标均符合客观实际,由于每个参与的利益主体的目的各不相同,因此,要想在创业教育中取得一定的成果,就必须要有各个利益主体之间的相互协作与共同努力。中国创业教育的初衷是为了解决就业问题,但是这并不适合作为创业教育的最终目标,以创业教育为中心进行,无论是学校还是社会,都有一种功利主义的倾向,忽视了学生的创业素质、创业能力、创业精神和创新思维,这使创业教育在整体上偏离了教育的本源,所幸的是,随着社会和创业教育的不断进步,我们的创业教育已经逐步转向了人才的培养。"人才是第一生产力",只有提升了人才的素质,才能促进一个国家的经济发展。

2. 以协同创新发展为理念

协同,就是指两个或多个具有相同目标、动机的个人或企业,通过协调、合作、同步的方式,去实现既定目标。协同创新同样是多个创新主

体以及创新资源,多方位开展合作与交流,促进共同目标实现的机制和理念。我国高校创新创业教育虽然取得了一定的成绩,但是在发展过程中也暴露出诸多问题:如我国的大学生还有不少存在着"铁饭碗"的思想,创新创业意识不强;创业教育宣传不到位;创业教育理论教学普遍薄弱,不成体系;等等。国内的专家与学者从创业教育的体系、创业教育师资、课程设置、创业园区等方面,为如何建立完善的创业教育模式提供了有价值的建议。但是,上述几个方面并不能从根本上消除创业教育模式中存在的问题,因为创业教育发展过程中出现的各种问题究其原因在于创业教育需要多方参与,而各方参与者为了利益最大化,会进行多方博弈,做不到协同合作,所以要想从根本上解决问题,就要各利益相关者为了共同的目标树立协同创新的理念,在合作过程中兼顾共同体各方的利益,协同发展,多方共赢。

(二)基本思路

1. 克服高校创业教育模式的不足

对创业教育模式进行完善就是要解决其发展过程中暴露出的各种问题。而这些问题的出现大多受宏观环境与微观环境的影响。例如,创业教育实施过程中发现与设定目标出现了偏离,大多数人通过表象看问题,觉得高校要负主要责任,但对该问题进行深度剖析,会发现其实与国家相关政策的支持力度、行业环境、税收制度、产权保护、创业服务、产权保护、商务环境,创业教育教师的综合素养,学生创业的积极性、创业思维、创业能力等各方面都有很大关系。只有以这些主体为切入点,划定责任范围,各方参与主体认真履行自己的法定义务,再针对具体问题与方面提出解决的办法,这样才能更好地完善我国高校创业教育模式。

2. 构建"六位一体"创业教育新模式

对我国创业教育发展过程中出现的问题及成因进行深度剖析,借鉴发达国家已经成熟的"双创"教育模式,从中吸取有益经验,结合利益相关者理论与协同创新理论,提出构建"六位一体"的新型创业教育模式。该模式主要分为宏观支撑层面(高校、政府、社会)与微观运行层面(行政人员、教师、学生),各层面的各利益主体的责任与义务已划定,并强调创业教育共同体中各方的协调创新意识。其中,由政府对相关的政策进行制定与调整,高校与社会协同构建创业教育平台,对整个工作进行主导,保障创业教育模式的顺利运行与发展,处于主导地位;社会是大学生创业教育的支撑系统,企业、产业和社会组织都与大学生的创业教育密切相关;高校作为创业教育的核心,也是创业教育的主要组成部分,它将政府与社会联系在一起,在此基础上,还对学校的老师和管理人员进行培训,并对其进行软硬件的建设;大学教师是创业教育的主要实施者,充分利用高校、政府、社会提供的各种资源,将他们研究与学习的关于创业教育的理论知识与自身的实践经验传授给学生;高校行政人员是开展创新创业教育的服务者,他们与教师建立良好的沟通,了解学生的需求,并帮助他们进行解决,是保障双创教育能顺利开展的基础;高校开展双创教育的最终受益者与实施者是学生,他们要对双创教育工作进行评价,高校根据学生的反馈,改进现有的不足,激励与促进双创教育更好地发展。

(三)具体对策

创业教育模式的构建和完善需要高校、政府、社会、行政人员、教师、学生等利益相关主体通力协作,各自发挥出优势,凝聚发展合力,全力推进工作的展开,促进我国高校创业教育良性发展。

1. 完善创新创业人才培养的外部生态环境

(1)促进各类政策落实,注重人才培养质量。

首先,深入解读进而落实创新创业政策。政策是教育改革的风向标,为教育改革指明了前进的方向,高校要对创新创业相关政策进行深入研究,并正确解读,才能促进创新创业教育的有序开展。高校要在正确的政策解读指导下,根据省内、全国各类大学的具体情况,把握好政策的内涵,结合本校的特点与优势,采取多种方式落实创新创业教育政策,对人才的培养方式进行创新,对人才的培养质量给予足够的重视。

其次,各大学要根据学校制订的有关创新创业教育的方针,适时地对学校的各种有关创新创业的规定进行修订和补充。在规范的创新创业各类竞赛管理办法下,提升学生参与项目竞赛的积极性。与此同时,扩大教学资源,开放创新创业实践基地,为学生提供多种渠道、多种方式的学习形式,从而培养出高质量的创新创业人才,促进高校创新创业教育可持续发展。

最后,开展过程性检查。国家制定的创新创业政策下发以后,教育部、省级教育厅要成立政策落实小组,检查各项政策有没有落实到实践中,以及落实的进展情况,落实的过程中有没有遇到难以解决的问题。例如,要根据教育部的要求,检查各高校在创新创业的教学中,有没有按照教育部的要求,开设创新创业必修和选修课程,并将其列入学分管理系统,以及创业的大学生是否领取到大学生创业补贴等。

(2)更新双创人才培养理念,提高教学质量。

对创新创业人才培养理念的更新是一个非常重要的环节,高校在进行创新创业教育时,要不断地跟上时代步伐,并根据学生的发展状况,适时地对其进行更新,强化价值观的指导,提高教学质量,并将重点放在对学生创新创业能力的提高上,从学校、教师、学生三个层面对其进行指导。

一是从校本层次出发,大学要立足于创新创业人才培养目标,加强对二级学院的投资,拓展创新创业教育的发展空间,从宏观角度出发,推动"专"与"创"的深度融合,实现多学科的交叉融合。同时,应用型大学还应该邀请国内外的政产学研究领域的专家,为学生和教师进行主题演讲,阐释双创教育的新理念、新发展和新实施方案,让学生和教师更加深刻地认识到"双创"的目的和意义。

二是从教师的角度来看,大学的管理人员和教师应该把他们的注意力从教授理论知识、获得荣誉,转移到培养他们的创新意识上来,在实践培训中,注重培养他们的创造力,提高教学质量,同时,应该鼓励和指导他们把自己的知识和专业知识结合起来,对问题进行深刻的思考,从而找到解决问题的方法。这样,他们就可以更好地把课题付诸实践,把课题转化为成果。

三是从学生的角度来看,要引导他们对创新创业教育有一个正确的认识,改变他们的思维方式,除了关注课堂上的学习,还要关注第二课堂,善于运用专业知识来帮助他们解决现实生活中的问题,促进他们的知识融会贯通,从而提升他们的创造力,使他们成为一个能够发现并解决现实生活中的问题的应用型人才。

2.明确政府在高校创业教育模式中的角色定位

政策保障者,完善政策法律。纵观世界上高校创业教育开展得比较成功的国家,不难发现,政策的支持和相关法律的保障,才能使其在发展中激发前进的力量,建立完善、成熟的体系。因为在创业教育中存在多种类型的利益相关者,其价值理念存在着很大的差异,利益诉求存在着不同程度的差别。因此,这就需要政府用政策法律来保障并对各利益相关者的利益进行规范,从而促进创业教育的顺利开展与实施。作为政策和法律的颁布者、执行者和监督者,政府应该在制订创业教育的政策和法律时更加全面、科学和长远。到目前为止,国家已经出台了数十项有关创业教育的政策,但是这些政策的内容、范围及规定都还不够完善,还需要对相关的政策法律进行进一步的修订和完善。首先,在制定的过程中,要结合实际,制定相应的计划、指示、要求等,使其具有较强的实用性。其次,由于教育政策的实施是一个长期过程,因此,它应该具有某种连贯性和长远性。最终,对与健全创业教育相关的法律进行完善,尤其要对科技成果转化、知识产权归属权、公司法等相关政策进行完善。

模式主导者,构建合作平台。作为主导者、促进者和倡导者的政府,应当义不容辞地承担起构建创业教育合作平台的义务和责任。具体来说,政府可以从以下两个方面搭建创业教育平台:一是牵头组织创业教育平台的搭建。创业教育是一种新型的教育形式,创业教育合作平台搭建的过程中,很多社会利益相关者都会犹豫,是否要加入,因为他们没有这方面的经验,也不清楚该怎样与高校和政府展开合作。另外就是考虑到合作后责任的分摊及利润的分配是否公正、合理,如果合作平台的构建是由政府带头组织的,那么参与该项目的利益相关者的信心就会增强,不必过于担忧后期的安全保障、法律等问题。二是将创业教育平台搭建的工作进行分解,将其授权给相关部门。因为创业教育平台的搭建不是一项简单的工作,涉及的利益主体有高校、政府、企业、金融机构等,他们在理念、思维、协作策略、利益侧重等方面都存在差异,合作的过程中肯定会因为理念、思维等差异以及利益分配等原因出现摩擦,要使他们之间的合作关系长久地保持下去,那么它除了需要具备合法性之外,还需要一个中介方就其产生的摩擦与纷争进行调解,使他们各自发挥出自己的优势,形成利益共享、优势互补、资源共享、协同合作,更好地放大各自的功能,使创业教育平台的搭建顺利完成。而其中起调解作用的中介方非政府授权的相关部门莫属,因为只有他们,既有公信力又有能力处理好各方的关系,从而保证各方的合作能够顺利地进行。

资源配置者,提供必要支持。高校创业教育的建设和发展离不开各类资源的供给,而国家作为高校创业教育资源的配置者,更要对其进行相应的支持和保障。一是资金的供给,资金的匮乏会阻碍创业教育的进一步发展。不论是创业园区的建设、创业教育基金的设立,还是创业教育平台的运行都需要大量的资金,而高校和社会资金的投入对创业教育的资金需求来说是杯水车薪,需要政府加大创业教育的财政支出。二是搭建师资培养、培训的平台。现有的师资力量不能满足创业教育的需求,因此政府可以通过与高校及社会紧密合作建立一个专业的、具有权威性的创业教师培训平台,弥补创业教育师资力量的不足。三是场地物资的支持。不管是创业教育的开展还是师资力量的培养、培训,合适的场地,必需的教具、器材等是必不可少的,各级政府可视具体情况在必要的情况下提供相应的支持。

3. 建立社会全方位创业教育支持体系

深化多领域的校企合作。企业可以和高校在创业教育中进行多个领域的合作。一是人才培养。校企合作,双方各自发挥自己的优势,协同合作,使学生将在高校学习的创业教育理论知识更好地应用到企业实践中,促进创新人才的培养。二是项目合作。深化产学研合作,促使高校科研成果的转化,助推企业自主创新。三是学生创业成果的转换。学生的创业项目由创意到转换成产品需要经过一系列的策划、打磨和研究,而校企合作可以缩短这一过程的时间,使项目加速完成。

营造良好的创业氛围。构建一种新的、有活力的、可持续发展的、具有较强生命力的、具有创新活力的社会市场创业环境。创业的本质是一种以市场为导向的活动,而创业的最终是将新产品、新工艺等成果加以转换进入市场流通,因此良好的市场环境是极其关键的。一是要改善商业环境。对于创业来说,股权投资、债权融资是最重要的,而对于中小微创业企业,金融行业可以对其债权融资予以格外的关注和强化;在组织层次上,如当地商会、行业协会等,可以通过举办会议、活动等形式,为新创企业提供交流与合作的机会。二是要进一步开放市场。鼓励企业和商业机构参与大学生创业,可以与高校共同开展创业竞赛、创业项目路演、创业项目投资等活动。

4.加快高校自身创业教育体系的全面建设

构建创业教育课程体系。高校创业教育课程体系规定了教育的培养目标和实施的规划方案,既是创业教育教学活动的指导思想,又是教育目标的具体化呈现。要达到创业教育的目标,需要构建完整的创业教育课程体系。一是创业教育目标要明确。明确的目标是设置课程体系的依据,另外目标的设定要符合客观实际,要有长远规划,但切忌好高骛远。二是选用合适的创业教材。创业教育的教学与专科教育的教学一样,都离不开教材,不能抛开教材,不论是理论课还是创业教育实践课,创业教育教材的选取至关重要。要根据学校创业教育的定位,选择符合学生学习水平又能实现能力培养要求的优质教材,如果高校能够自己编写符合创业教育的目标定位又具有特色的本土化教材那就是最理想的选择。三是灵活运用各种教学方法与手段。我国高校的创业教育存在一个普遍的现象——重理论教学,轻实践教学,有的理论知识晦涩难懂,学起来枯燥乏味,所以要在课堂上灵活运用各种方法,创设教学情景,焕发课堂活力,激发学生学习的积极性,摸索分析出适合我国国情的、灵活性强的创业教育教学方法。

提升创业教育师资质量与数量。高校创业教育离不开教师的指导,师资力量的强弱直接影响到创业教育的开展是否能够顺利进行,是否可以完成既定目标。一支卓越的创业教育教师团队是创业教育的重要组成部分。然而,目前我国创业教育的师资力量比较薄弱,主要表现在以下几个方面:生师比严重不足,教师的专业胜任力不强,培训机制不成体系等。教师是创业教育教学的中坚力量,要提高师资力量可以从以下几方面着手。一是高校要注重、并鼓励创业教育教师多参加校本与校外高水平的培训和交流,要求教师要有终身学习的观念,鼓励与支持继续教育,不断充实与提升自身专业能力与素养,为他们提供培训与交流的平台。二是要强化双师型师资队伍建设。目前,国内的高校普通只重视创业教育理论教学,而轻实践教学,并且创业实践经验也有待加强。要想解决这个问题,可以将理论与实践融合的理念纳入教师职业发展规划体系中。有了制度的保证,不但可以提升创业教师的个人素质,还可以让他们更加积极地参与到创业教育中来。三是对高校创业教师师资外聘体系进行完善。由于师资力量在短期之内难以提升,需要引入校外的专业教师,故在聘用过程中应妥善解决长期聘用制与特聘制的关系。

完善创业孵化平台建设。高校应区别于传统的高校就业指导机构,为大学生提供专业的、综合性的创新创业服务平台。创业平台的建设随着创业教育的广泛推行与深入推进对创业教育的质量起到决定性作用。近年来,高校创业园区的数量与规模都在快速增长,但是在快速增长的同时也暴露出一些问题,如内部的硬件设施不够完备,工作人员配备不到位,运行机制不够完善。由于高校创新创业教育管理体制的不健全,造成了信息不对称,师生接收相关的资讯信息滞后或不知情,从而影响了创新创业活动的有效开展。所以要针对这些问题提出合理的解决方案,并付诸于实践。可以从以下几方面对创业平台进行完善:一是要提供容纳所有师生的合适的场地,要配备必备的桌椅、教学仪器与设备,为创业教育教学提供一个舒适的环境。二是应安排专业的工作人员为学生解决创业过程中遇到的各种问题,不仅是简单的设备使用、场地的协调与安排,还有法律咨询等。

5. 发挥高校行政人员在新模式中的服务作用

在管理机构权限划分方面,当多个部门联合进行创新创业教育工作时,往往存在着管理机构繁多、功能配置不均衡、相互推诿、工作人员职责不清等问题,这给创新创业工作的开展带来了很大的障碍,也导致了一些制度和规定在执行中存在着很大的难度,这些制度和规定都是空中楼阁,无法很好地规范创新创业人才的培训。高校创新创业管理工作是高校创新创业教育工作中的一个关键环节,高校要明确其部门定位、完善其组织结构、明晰其职责、理顺其功能。

提升创业教育认识,服务教师、学生群体。提升高校行政人员对创业教育的认识,有助于他们更好地对教学计划进行安排,对其他相关的工作提前做好部署,提高工作的效率,让师生与学生享受到全方位的服务。首先,高校行政人员要对创业教育的内涵、发展及特征有一定的了解,这样才能更好地完成本职工作。其次,要密切关注创业教育的发展动态,只有紧跟时代潮流,才能掌握创业教育最新的研究动态与成果,这样便于及时发现工作过程中出现的问题并进行及时调整,或者可以及时对创业教育工作进行优化。最后,行政人员平时要时刻关注教师和学生,对他们的需求和反馈要及时给予解决或解答,提升工作效率。

利用行政职务优势,发挥沟通整合作用。高校行政人员在创业教育中是架起多方相互沟通的桥梁,协调体系构建与发展过程中的各种关系与各项工作,其作用不可替代,既是服务者也是支持者。在整合教师资源的过程中,高校管理人员能够充分利用自己的横向协作的优势,通过跨学科、跨专业的方式,将全校最优秀的教师都整合起来,参与到创业教育中来,搭建起一个创业教育教师联系、交流、合作的平台,从而形成师资合力,为高校培育和建设一支专业化、专家化、专职化的创业教育师资队伍。高校行政人员不但承担着与教师的沟通、协调和组织等工作,而且在与校友和企业的联系和合作中起着举足轻重的地位。高校行政人员应结合大学的实际情况与创业教育的需要,对校友与行业联盟等相关资源进行整合,为大学生就业的创业教育提供助力。

6. 提升教师在创业教育方面的素质及能力

在创新创业教育中,教师作为主体,发挥着举足轻重的作用。从高校创新创业师资队伍的组成来看,发现其总数远远不能满足创新创业教育的实际需求,在教学实践中存在着需求大于供给的状况,特别是缺乏专职教师,而校外的兼职教师人数又很少,且以校内的兼职教师占主导地位,这就导致了其师资力量的薄弱。可以从以下几方面对教师的创业教育素质与能力进行提升。

认识创业教育本质,提升教学适应性。创业教育理论教学与实践教学的主体是教师,师资力量的强弱、教师专业能力与素养的高低对整个高校创业教育的效果与成绩的影响很大,具体表现在教学形式和教学成果方面。师资力量强的创业教育团可以通过学科研究、教学过程以及对创业成果进行转化来推动创业教育的发展。但是,在中国缺少优秀的创业师资已经变成了阻碍创业教育发展的一个重要原因。虽然政府和高校在构建教师培训平台来提高创业师资水平上已经获得了一些成果,但是要想更好更快速地提高创业教师专业能力与素养,还必须从教师本身来寻求一条可行的途径。首先,高校教师要认识到,在大学中实施"以人为本"的创业教育,既符合社会发展的要求,又符合高校教学的发展趋势。其次,要充分理解创业教育的教学本质,创业教育是由理论与实践两部分组成的,最终的目的是将创意、想法、研究成果转换成产品进行市场流通,所以理论教学是基础,实践教学不可或缺,不能只重视理论教学而忽视了实践教学。最后,高校教师不仅承担着传道授业解惑的教学任务,还要承担着科研任务,所以要发挥出自己的主观能动性,不仅要传道、授业,还要激发创新能力,要积极参与教师之间、行业之间的交流、合作,提高自身的专业能力水平。

深入创业教育研究,促进理论与实践教学发展。没有专家学者、科研人员的刻苦钻研、努力付出,学科的发展就会停滞,创业教育也是如此。高校创业教育科研的主要力量是高校教师,因为他们既是创业教育的实践者又是研究者,这种关系使得他们需要不断地对创业教育进行深入研究。高校教师可以从以下几方面对创业教育进行深入研究:首先应密切关注创业教育的发展动向,学习最前沿的理论知识与发展趋势,加深对创业教育的理解,并将其转化成自己的知识,用通俗易懂的语言传授给学生;同时,创业教育教师还应该将创业教育与其他专业进行融合,不同学科之间知识的碰撞,可以突破原有知识与思维的狭隘,产生新的知识与认知。高校创业教师不能只专注于理论研究,而不进行实践,学习理论的目的是为了更好地运用于实践,所以高校教师要多去企业进行调研,了解创业公司的实际运行情况,不仅可以填补自己在实践层面的空白,还可以分析理论与实践的结合是否存在问题、怎样进行改进、优化,然后可以将这些作为案例在课堂上传授给学生,让他们以后少走弯路,意义重大;另外,高校教师还可以申请去创业教育体系已经成熟、完善并取得良好成绩的高校进修与实习,体验与感受其创业氛围,学习其先进的理论与技术,提升自己。

（1）优化教师引进聘任制度。

在创新创业教育过程中,教师是"领头羊",其作用是不可替代的。要想建立一支高质量的高校创新创业教师队伍,就必须对创新创业教师的引进进行严格控制,应该对教师引进聘任制度进行优化,从根源上对创新创业教师的素质和水平进行提升。

首先,对高校创新创业师资队伍进行严格的选聘;大学创新创业师资队伍的选拔应满足如下条件:一是具有高度的创新创业意识和工作热情;二是企业多年来在创新创业方面积累了大量的相关理论,可以为企业的具体实施提供良好的依据;三是有与创新创业有关的研究成果;四是有丰富的创业训练,在实践中磨练自己,最好有创业的经验,大学可以聘请杰出的企业家担任创业指导老师,让他们和老师一起学习,这样可以弥补专业老师在创业实践上的不足,也可以让他们更好地适应创业的环境。

其次,在选聘过程中,应坚持公开透明的原则,并主动接受社会的监督；聘任公开化可以拓宽招聘的范围和渠道，让更多的优秀人才加入创新创业教师队伍中，对符合聘任标准的创新创业教师进行严格的筛选，从中挑选出最好的，对创新创业教师队伍的结构进行优化。高校教师的任用透明化，是为了让高校教师的任用工作变得更加规范，从而确保高校教师的任用工作在社会的监督下得到进一步的优化。

（2）规范教师培训管理体系。

创新创业教学团队的建设，除了要有扎实的基础理论知识外，还要有足够的创新创业实践经验，只有将理论与实践有机地结合起来，才能更好地把学生带到课堂上，因此，为大学生提供一支"双师型"的教学团队是非常必要的。但是，目前我国高校在创新创业方面的师资队伍相对较弱，而在培养和管理方面又存在着一定的缺陷，没有形成体系。一方面，基于创新创业人才培养的需求，高校非常注重对教师进行与创新创业相关的理论知识和实践培训，但是大多数高校都没有专门针对创新创业教师的培训和管理制度，偶尔地培训一两次只能是杯水车薪，无法对已有的创新创业教师展开系统性的训练。在调查中发现，老师们所说的训练，也只是强化了他们的理论知识，在实践训练上还是缺乏的，因此，他们很少有选择地安排老师到企业里去实习，即使有，其申请的过程与手续也很复杂，老师们的热情也很低，这给老师们带来了很大的压力。另一方面，在创新创业方面，对教师的管理缺少激励。

首先，大学应该对创新创业指导教师开展岗前、岗中、岗后三个层次的培训，包括创新创业知识的培训、创新创业实践培训、教师个人能力的培养、办公软件的培训，不断更新教师的创新创业理念，转变传统的教学方式，增强教师创新思维，优化已有的知识结构。

其次，对大学生创新创业师资进行多元化的培养。主要包括：一是引进有扎实的理论知识和成功的创业经验的人才，对学校的专、兼职教师进行培养；二是定期派遣老师到企业进修，让学生亲身感受到企业环境中的机会与风险，从而更好地指导学生；三是可以选择一批优秀的创新创业教师和管理者，到国外的一些优秀的大学去学习，这样可以大大提升高校创新创业教师的教学和管理者的素质。

（3）建立健全教师绩效考核评价机制。

目前省高校多采用KPI评价教师，但很少将创新创业纳入教师的绩效评价中，特别是对教师职称和晋升的评价。要想构建一支稳定的、高质量的师资队伍，就必须要建立健全的教师绩效考核评价机制。

首先,要根据学校的具体情况,对教师的绩效评价制度进行适时的改革,把创新创业教育和其他教育一样,纳入教师的绩效评价中,并对教师的评价制度进行进一步的细化。在考核内容中,具体包含了创新创业教师的教学工作量(课时、质量)、科研(课题、论文)、获奖(教学成果、项目获奖)等方面,要对其进行多方位的考核评估,在合理的条件下,要尽可能地满足教师的预期,将优秀的教师吸引到创新创业教育工作中来,让他们的工作积极性得到提升,从而激发他们在创新创业教学与实践方面的潜能。

其次,对教师进行多元化的考核。高校要调动学生、学校、同行教师、社会等多方力量,客观评价创新创业教师,总结评价结果,系统全面地向教师反馈,发现问题,及时改进,最大限度地发挥创新创业教师在创新创业人才培养中的作用。

7. 调动学生参与创业教育的积极性

了解学生需要,提供针对性帮助。以学生对创业教育的实际需求为切入点,提出有针对性的创业指导建议和帮助,从而达到提高大学生的创业能力的目的。首先,可以对学生进行问卷调查或者访谈,了解他们在创业教育过程中遇到的困难与诉求,可以真实地反映出创业教育的发展情况,为创业教育的顺利开展提供思路和依据。其次,针对学生遇到的困难或者其他诉求给出合理的解决方法。调查研究发现,目前,大学生对实习课程、实习基地和师资等存在较多意见,如果不能得到很好的解决,将会对大学生的创业教育产生很大的影响。最后,采用问卷调查、实地调查、随机采访等方式,对学生对创业教育的反馈进行收集,了解学生在创业教育过程中所面临的问题。高校是否已经给出解决方案与必要的支持,相关诉求是否已经得到了妥善的处理,为进一步完善创业教育模式提供依据。

多渠道宣传,促进创业教育推广。相比于创业教育取得了良好成绩的国家,我国的创业教育还处于初级阶段,不论是宣传的力度、广度、深度都有待加强,有的高校学生根本不了解国家针对大学生创业有哪些政策支持,或者了解得相当少,导致参与创业的学生很少,所以,国家与高校应加强创业教育宣传的力度、广度、深度,提高学生参与的积极度。可以通过线上及线下多渠道开展教育宣传。线上可以通过以下方式进行宣传:(1)网络公众号的宣传。许多大学、学院都有开通微博、微信公众号等自媒体,这些公众号有一定的影响,所以可以利用网络媒体来推广有关创业教育的教学、活动和竞赛,从而达到拓展传播的目的。(2)网络传播创业课程。高校可以推荐学生在慕课和可汗学院等网上学习创业教育的理论课程,惠及更好的学生,提高创业教育宣传的影响范围。线下可以通过以下方式进行宣传:(1)海报宣传。可以在学生流动量大的食堂、教学楼等门口醒目的地方放置关于创业教育培训、讲座等设计精美的海报,吸引学生,提高关注度。(2)班级、年级及学院的宣传。在班级开班会,或者整个年级参加活动或会议时,这时学生都集中在一起,对创业教育的相关活动进行宣传可以提高宣传效果。(3)创业专业教师进行宣传。为了提高学生对创业教育的关注度,可以定时或不定时地开展一些讲座,为有兴趣创业的同学提供信息咨询及指导。

第三节 构建高校创新创业人才培养课程与实践体系

一、设计科学合理的创新创业课程体系

(一)高校"双创"课程体系短板分析

1.专业课程与创新创业课程脱节

从目前的应用类大学教学实际情况来看,专业课程和创新创业课程之间仍有一定的脱节,一些老师过分注重专业课程,忽视了创新创业课程对增强学生能力基础、拓宽学生就业视野和拓宽就业渠道的重要意义,对于"双创"课程的设计和教学应用的重视程度较低。有些高校只是以选修课的方式来展开创新创业教育,有些高校还会使用创业主题讲座、比赛等来代替课程的内容,但是专业课程和创新创业课程之间联系很少,很少有学生意识到运用专业知识进行创新创业,或者说不知从何处入手,缺少专业领域的创新创业意识、思维、能力与方法,这一点亟需改善。

2. 实践指导类课程占比较少

创新创业课程是一门理论与实践相结合的课程,创新必然包括试错,而试错是探索的主要途径之一,所以不要害怕出错,要坚持探索,及时总结经验教训,积累经验后,找准方向,走向成功。然而,从目前我国一些应用院校开设的"双创"课程的实际情况来看,虽然很多院校都已开设"双创"课程,但理论课程所占比例相当大,有的院校甚者还没有开设"双创"实践课程。这样一来,即使学生的理论知识掌握得非常扎实,但是由于没有实践的机会,不能进行实际运用,无法在实践中探索试错、总结经验规律,不具备解决实际问题的能力。尽管有些院校开展了一些创新创业竞赛,让学生有实践锻炼的机会,并对参赛的同学提供全程的支持与指导,但是一般这种类型的比赛参赛人数有限,能够受益的学生很少,大多数学生还是没有机会参与,对社会日益增加的创业型人才需求来说杯水车薪。

3. 课程管理支撑体系相对薄弱

"双创"课程的构建是一个长期的、系统化的过程,需要教研团队、管理团队等多方面的支持,目前,我国应用型大学"双创"课程的实施,普遍存在着支持体系不够完善的问题,许多大学只是将课程的构建任务交给了就业指导中心、学生工作处等部门,兼职的管理人员不够专业,课程的设计效果没有得到最大程度的优化,一些高质量的创新创业项目没有得到相应的支持。就师资队伍而言,尽管许多老师在"双创"方面有着较好的理论基础,但是缺乏实际操作的经验,不能为学生提供具有针对性的意见和建议,起不到有效的指导和引领作用。

(二)创新创业课程体系设计

在创新创业人才的培养中,课程设置是最重要和最关键的一环。"六卓越一拔尖"工程2.0,从2019年4月开始,国家将在全国范围内大力推动"新四科"(新工、新医、新农、新文)的建设,倡导多学科交叉,形成针对性、层次性和多样性的"金课",杜绝"水课"。高校的创新创业系要协同相关部门,共同研究和制订一套新型的人才培养方案,建立在PBL的基础上,以学生为中心,以学生为主体,是教育界普遍采用的一种具有很强实用性的学习方式,它的主要内容包括:提出问题、计划方案、解决问题、交流展示、评价与反思,引导学生去发现、去思考、去解决有意义的问题,从而在整个过程中,引导学生主动学习,理解知识,提高技能,提高学习效率,从而更好地解决现实问题。高校应当将项目学习的理念与方法纳入课程之中,可以参考清华大学 x-lab 创新创业教育的成功经验,突出"知识逻辑"与"行动逻辑",重视理论与实践的紧密联系,实现多学科交叉融合,并对创新创业课程进行优化,将创新创业课程划分为四个类型(见图 5-6),分别从意识启蒙、创新能力提高、创业实践三个阶段,根据不同类型的学生进行分层设置(见图 5-7),从课程整体上对学生进行全面的指导与引领。

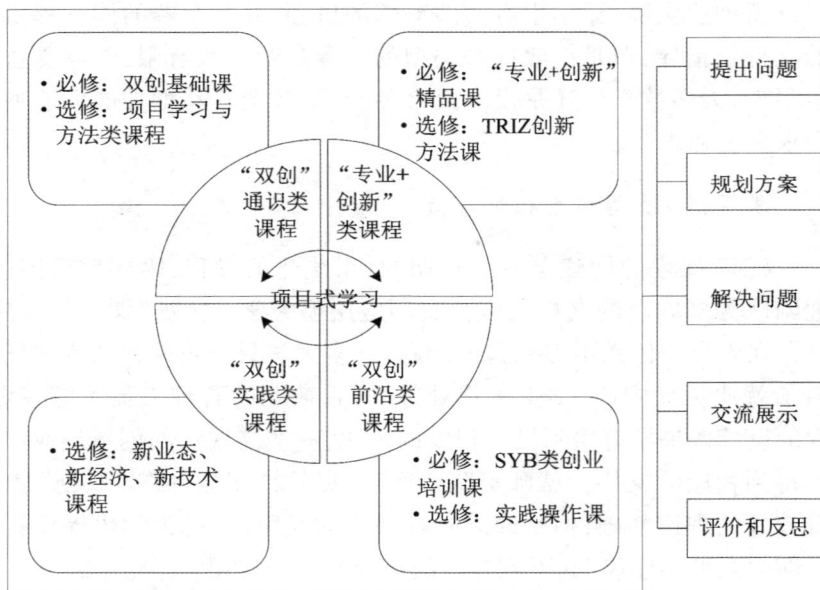

图 5-6　创新创业课程设置

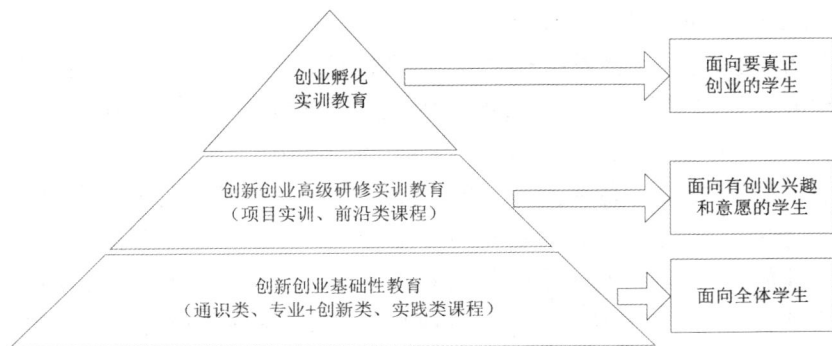

图 5-7 创新创业课程不同类型的学生开设课程的层次体系

1. 优化创新创业课程设置

（1）"双创"通识类课程。

开设《创新精神与实践》《创业基础》《创新创业理论研究与实践》等针对所有学生的通识类必修课和选修课，通过这些课程，让学生对创新创业的基础理论知识有一个基本的了解，为他们的学习打下坚实的基础，学生可以根据自己的实际情况，选择自己感兴趣的通识类选修课。通过对大学生"双创"意识的培育，对大学生进行"发现问题""积极解决问题"等创新思维的培育，增强大学生"发现问题""主动解决问题"的创新思维能力。在通识类的选修课中，可以开设项目学习与方法类课程，主要针对学生竞赛、大创项目申报等，通过项目式学习与项目式教学，让学生系统地学习立项申报、项目计划书书写、竞赛 PPT 制作、答辩路演、项目转化与推广等，使学生掌握创新的思维，培养学生的创新思维，提高其竞赛能力，实现项目转化与落地实施。

（2）"专业 + 创新"类课程。

将创新创业教育与专业教育、思想政治教育有机结合，突出本校的专业特点，将创新创业教学与"新四科""新商科"等学科建设有机结合，探索以"专业 + 创新"为中心的"专业 + 创新"优质课程，打破学科壁垒，让学生全面掌握各类知识；在此基础上，通过《TRIZ 创新方法》这一课程的设置，使学生在学习 TRIZ 理论的同时，能够更好地理解 TRIZ 的基本原理，并在此基础上，结合学生的实际情况，将其应用到学生的实践中去，从而更好地理解和掌握 TRIZ 的基本原理，并掌握学生在学习中所遇到的各种问题。

（3）"双创"实践类课程。

为了强化学生的创业实践能力,高校可以从以下几方面入手:开设一些专业性较强的培训课程,如高校有必要开设一些专业性强的创业培训课程,如产生你的企业想法（GYB）、创办你的企业（SYB）、改善你的企业（IYB）、扩大你的企业（EYB）等课程;校园内的创业实践基地或创业园等创业实践平台应该随时向学生开放;将创业意愿强烈的学生引入创业园,并对其进行创业指导与帮助,让学生少走弯路。在此基础上,利用项目学习（PBL）技术,以团队或小组为单位,在创业导师的引导下,开展业务模拟,实现项目研究成果的应用,从而提高企业的创新创业能力。用"头脑风暴"法对企业的现状进行分析,了解企业的风险评估、财务预测,降低企业的风险。通过引进政府、企业和国外高校的优质人才,形成"校—企—地—校"的合作模式。

（4）"双创"前沿类课程。

随着社会的不断发展进步,技术不断推陈出新,新经济新业态不断涌现,在这样的背景下,创新创业课程也要不断推陈出新,与时俱进,紧跟行业的发展,这样才能走在前列。前沿类课程要注意与创新创业教育的结合,这样不仅可以培养学生的创新思维,而且在大学生毕业之后走向社会遇到问题时可以从容面对,抓住新业态带来的机遇,同时也不惧新业态带来的挑战。

2. 加强与专业课程的融合度

不能脱离知识教育和专业教育来进行创新创业教育,不能孤立而行,要注意相互融合,从学科内部和学科间两方面进行融合,达到两者的最佳发展。

（1）专业内融合。

各院校要根据自身的特点和优势,在专业教育的基础上开设相应的创新创业课程,如《企业模拟运营与竞争实训》《创业模拟实训》《ERP沙盘实训》等,并将其纳入自己的专业培养计划中,使其具有创新性、个性化、实用性。同时,在课堂上将创新创业教育的理念和方法融入专业课程的教育教学中,拓宽专业知识的视野,引导学生运用创新的方法去解决专业课程中存在的问题。把创新创业实践与专业实践有机地结合起来,在实践的过程中,培养学生的专业知识素养和创新创业精神。同时可以在专业课程的教育教学过程中引入创新创业教育的理念与方法,这样不仅可以开阔学生的视野,当专业课程中遇到问题时,可以换一种解决问题的方法与思路;将专业实践与创新创业实践相融合具有很多优势:一是学生的专业知识素养得到提升;二是学生的创新创业精神得到培育;三是学生的创新创业能力在专业实践中会得到提高;四是学生可以将创业理论课程中学到的知识应用到专业实践中,并检验知识的掌握程度及学习成效是否达到要求。

（2）跨专业融合。

在"新四科""新商科"的背景下,按照协同理论,通过多学科的合作,可以使体系有序运行;通过交叉学科的合作,可以使多元的教学资源得到有效的整合、合理的分配,从而发挥出学科间的协同作用。大学创新创业课的跨专业整合,就是要打破传统的单一学科的束缚,强化各专业间的衔接,充分利用学科与专业各自的特点,实现学科与专业的交叉融合,把所学的知识整合到一起,在学校内部开展跨专业的创新创业联合教学,从而培养出一批具有较高综合素质的创新创业人才。同时,在全省范围内,通过组建大学创新创业联盟,充分利用大学自身的资源优势,达到共建共享的目的。

（三）打造 STEAM 教育理念下"课项赛 +"导链式教学模式

高校应在 STEAM 教育理念的指引下,建立以多学科为核心,以课程、项目、竞赛为目标的"课项赛 +"的"导引链条"教学模式（图 5-8）,该模式通过教师在课堂上加强学生的参与意识、体验性,使他们能够自主学习、合作探索,在课程、项目、竞赛中提升他们的实践、创新能力,并在课程、项目、竞赛中培养他们解决问题的能力,这既是时代的要求,也是提高他们的社会竞争力的要求。

通过"课程""项目""竞赛"等方式,构建多元化的人才培养模式。以课程教学为出发点,在课堂上,经过教师引导、小组讨论、学生产生创意、规划方案、交流展示、评价总结等环节,从基础入手,全面培养学生的创新思维和意识,进而提升学生的创新创业能力。假如是在课堂上,已经有了具有可操作性的创意和方案,那么就可以展开项目计划书的编写工作,并邀请专业的教师进行项目指导,对项目的难点进行深度挖掘,对项目的可行性进行深入分析,对风险进行评估,并在实际工作中将其付诸实践,促进项目成果的转化。在教学链条项目这一环节中,要对项目展开计划书的编写,对项目的可行性进行分析,对项目的风险进行评估,可以参加各种创新创业竞赛,邀请创新创业领域的资深专家(如专家教授、成功的企业家、创新创业专任教师等人),对学生的项目进行指导和打磨,通过一系列的路演培训,为竞赛做好充分的准备,并着手为下一轮竞赛做好准备。在实践中,学生们能够在实践中有效地提升自己的创新创业能力,并掌握一些基本的创业思维和技能,从而促进项目孵化落地,培养出一大批优秀的创新创业人才。在 STEAM 的教育思想指导下,采取"课项赛 +""导链式"的教学方式,为培养出适应时代发展要求的应用型、创新型、实践性的高质量人才提供了有力支持。

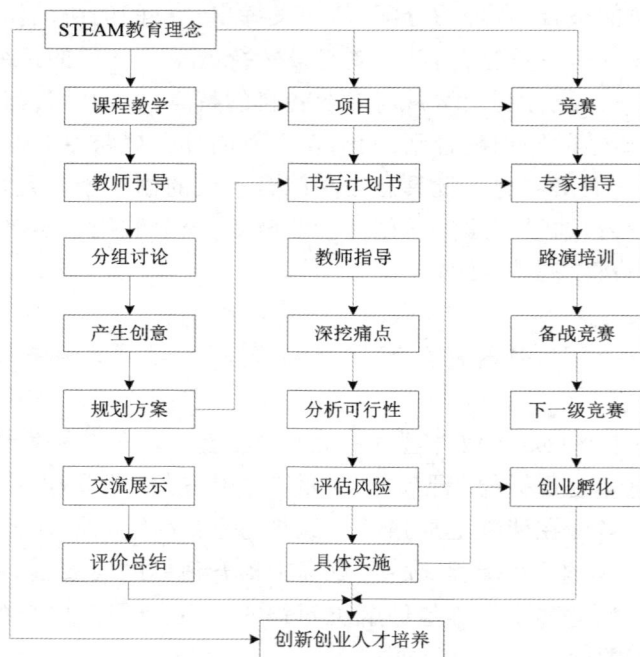

图 5-8 STEAM 教育理念下"课项赛 +"导链式教学模式

二、搭建一体化、多层次的创新创业实践体系

(一)促进校政企协同培养一体化

在对创业人才进行培养的过程中,高校要推进校政企协同培养的一

体化(图 5-9),要突破障碍,协调利益,实现资源的共享,实现政产学三螺旋的目标,这就需要在高校创业人才培养的过程中,无论是政府还是企业,都要及时地发现问题和解决问题,并为其提供政策支持、技术支持等。校政企之间在资源上具有各自的优势,高校可以提供培训场所、组织资源,为国家和企业培养出优秀的人才,使知识的能量成功转移;政府应制订相应的政策,以引导创新创业活动的开展,为大学和企业提供政策、财政资金、实践平台等方面的支持,建立起学校与企业的合作关系;企业具有真实的创业实践氛围和环境,能够为高校搭建创新创业实训平台,在这段时间里,一个成功的企业家可能会充当一个创业指导者,为高校的创新创业人才提供了一份非常丰富的实践经验,在培养高校创新创业人才方面起到了无可取代的重要作用。"三个主体"的共同培养,为高校创新创业人才的培养打开了崭新的大门。

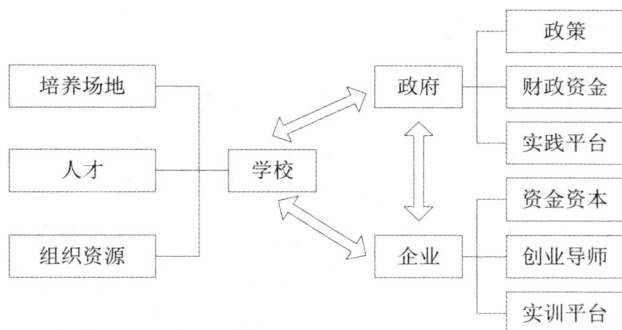

图 5-9　校政企协同培养一体化

(二)依托多层次的实践平台

创新创业实践训练应该得到高校的重视。如多开展一些创新创业竞赛,在条件允许的情况下打造校内创业产业园、虚拟仿真实验室、创业实践基地等校内实践平台,并加强与企业合作,为学生创造更多的实习岗位,打造校外实践平台,让学生在课堂上学习到的创业理论知识有更多的机会应用到实践中(图 5-10),提升学生的创新创业能力,使学生的创意、想法、成果完成由理论到实践的转化,为国家培养更多高素质的综合型创新创业人才,满足国家发展的需要。

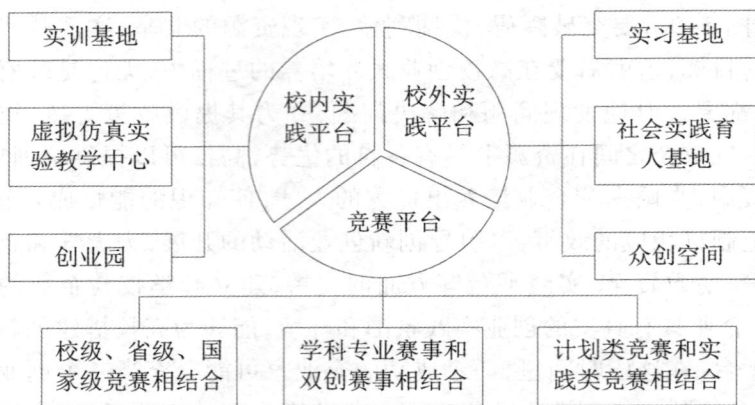

图 5-10　创新创业多层次实践平台

（三）完善实践基地建设

实践基地是大学生进行创新创业实践培训的一个重要场所，因此，各高校应该对校内外的实践基地建设进行完善，除了对已有的实践基地进行强化之外，还应该引入虚拟仿真实验室软件、3D 虚拟沙盘等技术软件，利用虚拟现实、增强现实、人工智能等信息技术对创新过程进行虚拟演练，对可能出现的资金不足等风险，市场需求、竞争、变化等风险，技术风险，财务、人事、营销等管理风险，政策变化等环境风险进行演练，这样在以后真实的创业过程中遇到同样的问题就可以有效规避。同时需要注意的是，每个学生的学习能力与接受能力都存在差异，所以不能所有的学生都上同样的实践课与训练课，要根据学生的实际水平开展层次化、针对性的实践教学与训练，相应地，实践教学基地建设设计与规划时要体现出层次性与功能性，切实提高创新创业人才的实训水平。

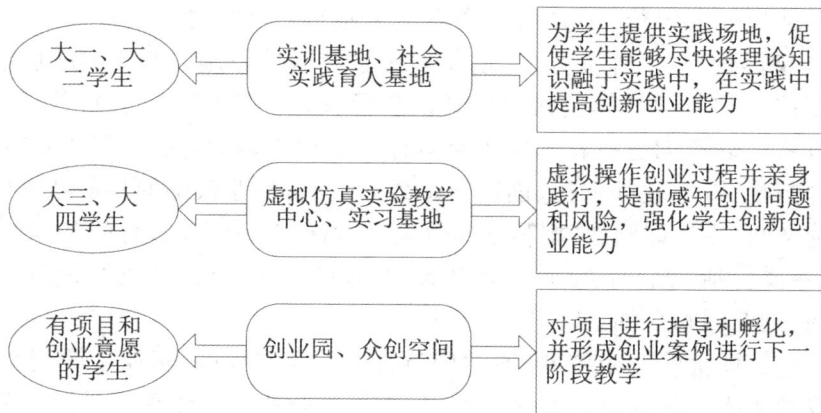

图 5-11　实践教学基地层次和功能建设

第四节　建设高校创新创业人才培养的评价体系

在培养创新创业人才的过程中,高校要构建创新创业教育的质量评估体系,为培养高质量的人才提供良好的培训环境。每一所大学应从学校评估和社会评估两个角度进行建设(见图 5-12)。

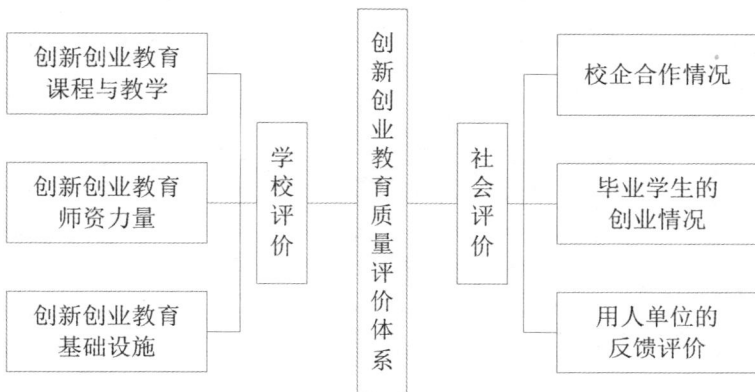

图 5-12　高校创新创业教育质量评价体系

对学校的评价,主要从三个方面来把握:创新创业教育课程与教学、创新创业教育师资力量、创新创业教育基础设施。其中,创新创业教育课程与教学具体包括课程开设数量、课程呈现形式、教材数量、教学方式。创新创业教育师资力量具体包括以下内容:创新创业专兼职教师数量、专职教师占比、创业导师数量、创新创业教师的科研状况(发表论文数、主持课题数、撰写著作数量)。高校创新创业教育的基础性建设,主要包括:高校的实训基地建设、高校的实践平台、高校的管理合作机构、创业园和众创空间等。

社会评价的三个维度,即学校与企业的合作程度、毕业生的创业程度以及用人单位的反馈意见。其中,学校与企业的合作程度包括:校企合作的类型、校企合作的数量、企业投资资金的数量;毕业生的创业程度包括:创业人数、已登记企业数目、存活率、创业带动就业人数;用人单位的反馈意见包括:企业对企业员工的需求程度、员工对企业员工的满意程度等方面的反馈评估。同时,还应该与政府、企业合作,建立创新创业教育基金,充分调动校友会等社会各界的力量,为大学生创业提供足够的经费支持,营造一个良好的创业氛围。

第 六 章

高校创新创业人才培养的实践路径

随着知识经济时代的到来,科学技术在人们的生活中的重要作用不言而喻。如今经济的可持续发展离不开创业活动的推动,大学生创业实践因此也迎来新的发展契机。而培养高校创新创业人才,不仅有助于推动创业经济,也对大学生自身的发展和成长具有重大意义。

第一节　高校创客空间的搭建

一、创客空间的相关概念综述

（一）创客

创客指将创意转变为现实的人。创意者、设计者和实施者都可以理解为创客，其中创意者提出创意，由设计者将创意变成计划，实施者是将设计者设计出的计划或蓝图变为现实的人，整个过程是将创意变为现实的过程，也是理论联系实际的过程。

创客最早起源于美国麻省理工学院微观装配实验室（Fabrication Laboratory，Fab Lab），Gershenfeld 教授在美国麻省理工学院开设的一门名为 How to create anything（如何制造任何东西）的课程，这门课程让很多同学感受到了将想法变为现实的快乐，很多同学将自己的成果相互交流分享，充分激发了学生们的想象力和创造力。

2001 年，美国国家科学基金会和政府为了向创客提供工作环境和工作场地建造了波士顿第一个微观装配实验室。创客在美国的发展历程见表 6-1。

表 6-1　创客发展历程

时间	地点	主体	事件
1998	美国麻省理工学院微观实验室	Gershenfeld 教授开设的一门 How to create anything 的课程	学生可以将自己的创意变为现实，进而设计出新产品
2001	美国波士顿建造了第一个微观装配实验室	美国国家科学基金会和政府拨款共同创建的	为创客提供创客工作环境和设备以及做实验需要的场地
2015	美国《连线》杂志主编《创客新工业革命》	创客是指具备相当技术挑战的将创意转变为现实的人	创客需要具备一定知识含量的创新、实践、共享、交流的意识

如今,随着创客事业的不断发展,创客的内涵也发生了变化,创客不再是单纯的将不可能的想法变成现实的人,更是不断创造社会价值、创新社会发展、创造更多价值的人。不管创客的内涵如何变化,其不断创新的核心内容不会发生变化。不断探索,挑战不可能,也是推动众多创客者不断前进的精神力量。

（二）创客空间

创客空间的前身是车间,顾名思义,车间就是企业进行生产加工的场所。随着时间的推移,创客空间逐渐变成了创客们实现创意的实验场所,一些有着共同兴趣爱好的人在这里共享资源、交换想法,将不可能变成可能。创客空间为创客们提供了一个全新的开放式实验室平台,创客们在这里生产出自己的创意产品。简单来说,创客空间就好像一个实验室,里面放一些基础的工作设备,如三维打印机、三维扫描仪等,人们在这里相互合作,相互交流,资源共享,碰撞出思想的火花。

（三）众创空间

众创空间也被叫作创业孵化器,与创客空间相比,众创空间的对象是群众,而创客空间的对象是创客。众创可以解释为群众进行创新创业,比创客空间的维度更大,也更注重市场的发展,更加强调大众创业、万众创新的理念。

二、高校创客空间

（一）高校创客空间的含义

高校创客空间是创客教育的载体,是促进高等教育从知识性人才向创造性人才的培养转变。高校创客空间是针对创客教育而言的,是以高校为主体,政府、企业共同参与,将理论与实践完美结合的实验平台。目前,根据空间功能的不同,我国高校的创客空间有培训辅导型、活动聚集型、创客孵化型和创客服务型四种类型。结合现阶段我国高校发展情况可以发现,目前培训辅导型在高校创客空间中占比最大,即通过创新创业教师开展创新创业培训和创业指导。

(二)高校创客空间的基本特征

与创客空间相比,高校创客空间具有其独特之处。高校创客空间的主要特点如下。

1. 公益性

高校创客空间是公益性的,主要是为高校培养创新创业教师,为社会培养创新创业人才。高校创客空间为创客实现理想提供了平台和途径,创客们可以在高校学习理论知识,为进入市场开展创业项目打下坚实的基础。

2. 自主性

高校创客空间具有自主性。由于不同的地区需求不一样,不同的高校教育实力也不一样,高校要根据自身的实际情况,在充分了解地区需求的基础上因地制宜,制定不同的高校创客空间发展战略,将创客文化与校园文化、地域文化相结合,打造有差异、有地域的创客空间。

3. 合作性

高校创客空间具有合作性。要实现创新创业教育,只有高校的参与是不够的,还需要政府、企业的帮助和支持,政府的政策扶持和企业的资金帮扶缺一不可,三者相互合作,丰富高校创客空间的发展模式。

(三)高校创客空间的基本功能

高校创客空间是以校园为载体,融合了一大批青年人才和优质资源、技术的空间。高校为创客们提供专业的创新创业教育和指导,创客在高校孵化创新成果。创客们将高校这个培训基地的作用发挥到最大,为高校的创新创业教育注入了活力。

（四）高校创客空间的优势

高校创客空间的发展带动了地方经济发展，加速了高校教育转型，减轻了大学生的就业压力。高校创客空间的优势主要如下：

第一，高校创客空间的建立为培养创新创业人才奠定了坚实的理论基础，推动了创新创业教育的发展。

第二，高校创客空间的建立促进了产、学、研、创的共同发展，一方面，依托当地地方特色，发展地方核心产业，从而带动了地方经济优化升级，实现了高校的人才和技术创新；另一方面，通过引导和鼓励高校积极参与和探索，为社会创新创业人才助力。

第三，高校创客空间的发展有利于高校转型。过去的高校以研究型高校居多，学校只注重知识的传授，而较少注意到学生的创新精神和实践能力。现如今，越来越多的高校开设创新创业课程，不仅提高了学生的创业能力，还丰富了学生的创业知识，高校从传统型大学向综合性大学转型，实现了多元化发展。

第四，高校创客空间的发展解决了学生就业难的问题。学生将创新创业实践与本专业理论知识相结合，充分发挥其主观能动性和创造性，学生获得了一技之长，转变了就业观念，缓解了就业压力，就业渠道也变得更加多元化。

三、国内高校创客空间现存问题及原因分析

（一）宏观角度分析高校创客空间现存问题

1.创客空间建设政策有待完善

为了发展高校创客空间，政府颁布了一系列支持高校创客空间建设和发展的相关文件。然而，在宏观层面上，高校创客空间的发展仍具有许多不确定性，在建设过程中难免会遇到一些问题。尽管国家在高等教育领域制定了一些政策，但仍然会出现对政策理解不全面、执行不到位的情况。

2. 对创客空间的认知存在偏差

高校创客空间的发展和建设正处于萌芽阶段,因为它的建设和高校师生息息相关,因此引起了高校师生的普遍关注,大家都积极投身学校的创客空间建设之中。从宏观角度来看,高校创客空间发展势头很猛但是发展速度缓慢,尽管一些大学走在前列,但在建设过程中仍然面临不少挑战。比如一些学校没有根据自己学校的实际情况,而是过度依赖和借鉴国外高校创客空间的建设经验,出现问题时无法着手解决,导致创客空间建设停滞不前,无法形成具有自身特色的高校创客空间。此外,高校创客空间的发展和建设只依靠高校是肯定不行的,还需要政府和社会各企业的参与,因为创建高校创客空间是为了培养一批助推社会发展的年轻创客者,他们在学校学习创新创业理论知识的同时,还精进了自己的实践技能。然而,创客空间的基本概念在现代社会群体中仍然被误解——那些对高校创客空间有一点了解的人肯定会考虑到关于孵化器的问题。孵化器是以服务大众创新创业,促进科技成果转化,优化创新创业生态环境,培育企业家精神为宗旨,而在高校中,孵化器主要是以大学生创客的创意为依据孵化新产品。因此,有必要提高大众对高校创客空间的认识。

3. 缺乏对创客空间的价值认识

如今的时代就是不断创新发展的时代,信息的迭代速度非常快,高校也不例外,越来越多的高校创客空间被建立。由于高校创新创业教育系统还不成熟,导致在建设创客空间时仍然存在许多问题。尽管一些大学认识到创客空间的重要性,但是落后的教育理念、单一的教育模式以及教学方法跟不上创客空间的发展脚步,因此无法为创客空间服务。高校是培养优秀人才的地方,高校创客空间的发展与国家和整个社会的发展息息相关。然而,仍有一些高校没认识到创客空间的重要性,甚至没有将创客空间作为人才培训的核心基地。此外,许多高校和大学生不理解创新创业教育的概念以及国家出台的与高校创客空间相关的一些政策。高校创客空间的建设不仅考虑到资金、空间和场地的支持,还要考虑到硬件设施,高校要根据自身的实际情况建设创新创业生态系统。

4.学生对创客空间的驱动力不足

高校的创新创业教育以及营造出的创新创业氛围是高校创客空间稳定可持续发展的最大驱动力。在创客教师的指导下,高校要培养学生的创新创业精神和实践技能。然而,许多高校毕业生习惯了按部就班,创新创业能力和实践能力不足。对学生而言,一方面,加入创客空间可能是人云亦云的决定,看身边同学都加入了所以自己也加入,自己对创客空间的结构和运营模式并不是很了解,没有想法和目标,当项目遇到问题时也不知道如何解决,无从下手。另一方面,学生对创客空间的认识不足,这让学生以为创意空间只是丰富课外生活和交朋友的场所,忽略了其主要作用是培养学生创业的能力,认知的偏差导致学生无法感受创新意识和实践能力提高所带来的成就感,学习兴趣便会大大减弱,面对不懂的问题不会主动探究,对于教师传授的知识只是拿来主义而不是经过思考和深究,这严重阻碍创新创业教育的发展。此外,学生长期受传统教育的影响,创业意识较低,只知道学习自己的专业课知识,对跨学科学习丝毫不感兴趣。由于学生在进入大学之前就已经习惯了自己的学习和反思方法,这可能导致进入大学后无法进行创造性教育等等。所有这些都从学生自身的主观角度影响了大学创造性空间的发展。

5.地区资源分配不均衡

我国地域辽阔,自东向西分为东部、中部和西部,东部经济发展较发达,西部发展相对落后一些,这也决定了高校的发展,从整体趋势来看,东部优先发展的高校较多。由于每个地方的经济发展不均衡,导致地区间资源分配也不一致。以北京为例,许多优质资源大都集中在北京,这对高校创客空间的发展具有积极的作用,北京的高校创客空间引领着全国高校创客空间的发展。

(二)中观角度分析国内高校创客空间内外部环境现存问题

高校创客空间是依托校内环境和场地,实现教育教学与理论相结合、企业参与投资、政府予以政策支持的孵化基地,它不仅是创新创业的教育空间,也是培养高质量创新创业人才的场所。但就目前而言,高校创客空间的发展和建设还存在许多问题,内外部环境的联动机制和休闲娱乐空间的建设还不完善。

1. 外部环境构建缺少整体规划

高校创客空间是集创新创业实践、企业入驻、政府帮扶为一体的创业场所,这三者共同作用将创客空间打造成一个多样化的平台,但并不是所有的高校都能合理运用这三个因素。

高校创客空间的发展目前还处于萌芽阶段,大多数高校的各项设施和环境还跟不上创客空间的发展,例如一些高校没有专门的创客空间场地,以改建的废旧教学楼或办公室代之,不具备改建条件的高校就会与体育馆、餐厅或商业楼等合作,借用他们的场地。一些具备创客空间场地的高校,由于创客空间的建筑和内部环境构建缺乏相关的理论指导,导致建成的创客空间没有标志性。

2. 外部环境与内部环境没有联动机制

高校创客空间大都是校园里的旧教学楼、办公室和实验室,只对内部空间进行了改造。建筑的外部空间没有改变,建筑风格没有创新,建筑内部光线较暗,并且该空间是封闭的,存在灵活性不足的缺点,建筑内部与外部环境空间之间的联系也很小,缺乏独立性和局部性的高校创客空间缺乏自身特色。

3. 内部环境多样化空间仍有欠缺

现在的高校创客空间大多无法满足创客们对内部环境多样化的需求,无论是外部空间进入内部空间的过渡灰空间、创新创业教育空间、共享空间,还是私密空间,内部环境的多样化对他们来说尤为重要。对于高校青年创客者来说,创新创业教育空间、交流分享空间以及进行头脑风暴的空间是他们进行创意设计的基础,同时创客者在进行创业活动时,必要的私密空间是保证创业活动的基础。创客空间与其他空间最大的不同就是创客空间的私密性,所以高校在建设创客空间时要与其他空间区别开来,使创客者在进行创客活动时更有归属感。

4. 内外部环境展会、路演空间不足

对于创客来说,展会和路演空间的布局非常重要,在高校青年创客者的创新创业过程中,创新创业项目示范路演是实现融资和评估,为项目成功孵化做好充分准备的重要环节。目前,许多高校的创客空间缺乏独立的展览和路演空间,也缺乏内外环境展览和路演的结合,通常只采用校园内的多功能教室。

5. 内外部环境缺乏休闲活动空间

高校创客者的工作多是脑力劳动,他们在结束了高强度的脑力劳动后往往需要进行适当的放松,可以是闭目养神的休息,也可以是进行适当的休闲娱乐活动,只有劳逸结合,才能更好地打开思维,这样有助于创新思维的产生。尽管现在大学生精力充沛,但是可以放松心情的休闲场所也是必不可少的,有助于提高创客者的积极性和参与度。但目前高校创客空间的建设往往缺少这一方面的思考,创客空间内缺乏休闲娱乐场所的动态空间,空间建设缺少活力。

(三)微观角度分析国内高校创客空间现存问题

1. 高校创客空间分布不均衡

就目前来看,高校创客空间多集中在东部地区的重点院校,这是从高校创客空间的建设布局分析的。从数量上来看,工科类院校较多,文科类院校较少。我国高校创客空间的发展还有很长的路要走,在建设过程中也会遇到各种各样的问题。

第一,创客空间的普及度不高。

第二,工科类院校的学生参与创客空间的热情较高,文科类院校学生的参与度较低。

第三,在性别上,男生的参与度要比女生的参与度高。

第四,学科不同,对创客空间参与度也不一样。

第五,高校创客空间的建设是为加强校与校之间、校与企业、社会之间、以及学校内部各个院系之间的交流与沟通。但在实操的过程中,会因为缺乏有效的学习、交流、共享的平台,导致校与校之间、校与社会之间的交流与合作受到限制。

因此,高校创客空间的建设仍有待继续加强,去更好地平衡学校和学校之间的合作、学校和企业之间的良好对接、以及学校和政府政策的支持相结合等方面,实现资源生态的平衡协同发展。

2. 创客创新创业教育课程不全面

高校创客空间的发展增加了一些创客教育工作者的信心,对创客教育的发展也有积极的促进作用。如今,创新创业教育课程是构建高校创客教育生态的必要环节,是实施创客教育的重要途径,是落实创客教育的必经之路,也是推动教学新课程改革的重要助力,在快速发展之余仍存在一些挑战和矛盾亟须解决。虽然我国的部分高校已经逐步开设创客创新创业教育课程,但是并没有实现创客教育课程的普及,甚至有些学校根本没有开设此类教育课程,导致教育资源的分布不均、发展不均衡等现象。

3. 创客教研队伍仍需加强建设

高校创新创业教育质量的好坏取决于创新创业教师的团队能力,因为只有专业的创新创业教师,才能给学生提供专业的创新创业指导,才能将核心的创业理论准确地传递给学生。然而现实情况是有些高校没有能力过硬的创新创业教师队伍,在教学上无法调动学生的创新创业热情,无法激起学生的创业兴趣。虽然一些高校试图邀请社会上成功的创客团队、企业人士去学校开设讲座、分享经验,但是无法从根本上解决高校创新创业教育的落后,因此,发展壮大高校创新创业教师团队迫在眉睫。

4. 创客空间硬件设施尚不完善

高校创客空间作为一个为创客服务的平台,是需要完善的管理和强大的设备作支撑的,一些学校连基本的创新创业教师团队都没有,更别说创业的硬件设施了。硬件设施条件不完善、教学能力较弱是制约高校创客空间发展的重要原因。

四、高校图书馆创客空间构建实践

(一)高校图书馆创客空间

信息技术的发展推动着社会的发展,社会的发展也使得人们的需求也不断发生改变。以前,高校师生阅读和查询资料的方式就是翻阅纸质图书和资料,随着手机和电脑的普及,高校师生接收信息和图书查询的渠道已经转移至电子终端,发生这种变化的原因不仅仅是手机和电脑带来的便捷,更是人们追求的一种高效的生活方式。之前翻阅纸质图书获取信息的速度太慢,而有了手机和电脑,人们可以在任何空间、任何地点获取自己想获得的任何信息,人们获取信息的速度大大提高,由此可见,传统的高校图书馆已无法满足师生读者的需求,高校图书馆的转型迫在眉睫。在双创背景的今天,师生获取知识的类型也发生了很大的改变,不仅有书本上的静态知识,还有各种动态知识。高校图书馆应当抓住机会,将师生的需要放在首位,加速图书馆的转型,充分了解师生的需求,为师生提供所需的服务。我国高校将创客空间引入图书馆中,为图书馆的转型打开了新思路,同时创客空间的引入改变了学生学习方式、促进了项目创造、实现了创造理念,将学生的创新思维引入到了一个更高的维度。

高校图书馆是高校宝贵的知识财富,其文献资源丰富,一些重要的权威资料收录于此,为高校开展基础教学和从事科研项目提供了理论依据,在知识权威方面具有前瞻性。将创客空间引入图书馆,可以最大程度地利用高校图书馆资源,让学生真实地认识并体验创客空间,走进创客空间,了解创业故事。以图书馆为平台,可以大大提高学生对创客空间的认识,提升学生对创客空间的参与度。

图书馆是学生课余学习的集中地,是优质资源聚集的地方,毫无疑问,图书馆创客空间也必然会吸引一大批对创新创业感兴趣的学生。尽管他们专业不同、年级不同、知识水平不同,但是他们拥有共同的兴趣爱好,拥有对创业空前的热情,在图书馆创客空间中,他们相互交换思想,发生思维碰撞,体验新的故事,这无疑能使他们的思维更加发散,想法更加独特,创业热情更加高涨。学生通过真实体验创客空间的硬件设施,学习了不一样的技能,加上平时积累的理论知识,很容易迸发出新的创意,大大提高了学生的成就感。

高校图书馆创客空间的发展对社会发展具有重要作用,创客们在创客空间进行创意开发,创客空间培养的创新创业人才又直接输入到社会上,两者相互作用共同助推社会经济的发展。

（二）高校图书馆创客空间建设的必要因素

1. 场地与设备

创客空间顾名思义就需要空间，且对空间的需求一般都很大，足够的空间对创客者来说有助于充分进行创意沟通，当师生流量大的时候，对场地的需求尤其大，创客空间一般包括设备放置场地、实验场地、交流沟通场地等，没有空间的创客空间无异于纸上谈兵。高校创客空间大都由娱乐室、研究室、展销室和休息室组成，其中，娱乐室主要为创客者提供休闲娱乐的场所，当创客者结束了高强度的脑力劳动后，适当的休闲娱乐对他们来说至关重要；研究室就相当于教授室；展销室即作品展览处；休息室是为创客者提供休息的地方，一般与存储室共用。比如美国的克利夫兰图书馆的创客空间合并了原本的大厅、休息场所、咖啡屋、培训教室和若干数字媒体空间，将其变为创意体验空间。

创客空间场地设计不仅包括场地大小的设计，还包括场地内光线、室内颜色搭配等。室内明亮的光线能让创客们有一个开心舒畅的心情，会让人感觉充满活力，鲜艳的色彩也能激起创客们不一样的思维。在宽大明亮的创客空间中，学生有更大的意愿参与到创新创业实践中。

创客空间的前身是车间，车间一般是产品或零部件的生产和加工的场地，创客空间是为那些有兴趣将各种创意转化为真正产品的人提供空间的场所，创客者一般在计算机、机械、数字技术和电子技术方面具有一定的基础知识和较强的动手能力，他们对硬件和软件的需求普遍较高，设备和材料包括机械、焊接和粘接、切割、各种钳子和扳手、测量工具、操作平台等。常用设备有3D打印机、3D扫描仪、激光切割机、焊机、打印机和可视化设备，包括个人电脑、相机、投影仪、音响设备、麦克风等。为了防止实践中的危险，通常需要手套、专业眼镜、口罩等。

2. 服务项目

创客空间能否继续运营与创客空间提供的服务项目的数量和质量有直接关系。以上海图书馆的创新空间为例，它是我国最为出名的创客空间之一，之所以上海图书馆的创新空间运营得这么成功，是因为上海图书馆的创新空间设置有丰富的服务项目，考虑到读者们的时间，他们每月的双休日大都会安排创意活动,平均每月会举办 6 至 8 次。为了满足不同读者的需求,服务项目也是多种多样,涉及少儿科普、摄影展览、农业技术、3D 建模软件讲座、服装设计等等,活动举办的方式也呈现出多样性,不仅有讲座类还有实践类,让更多的人们认识和走进创客空间。高校图书馆是高等智力资源的集中地,其与公共图书馆和少儿图书馆等其他类型的图书馆有本质的区别,为了更好地为高校创客空间服务,高校图书馆更要保证创客项目的可持续性,在运营创客空间时要注意活动的针对性、多样性和有效性。

3. 教育培训

高校创客空间具有包容性,其对象不仅是高校的在校师生,一些对创新创造感兴趣但是能力欠佳或理论知识缺乏的人同样可以参与进来。我国高校受传统教育的影响,教师一味地教,学生一味地学,教师缺乏创造性,学生缺乏主动性,学生的实践能力得不到有效锻炼,所以动手能力较差,导致合格的创客数量并不多。高校应该及时认识到教学上的问题,邀请社会上的专业创客群体和导师来创客空间参与教学,给学生建立一个专业的创客平台,启发学生们创造的灵感。学生通过对器械设备的认识和运用,掌握一定的创造能力,这样有针对性的教育培训便能够促进高校图书馆创客空间运营发展的良性循环。

在高校图书馆引入创客空间无疑会增加高校图书馆员的工作量,在创客空间管理中,图书馆员要注意创客空间的卫生及创客空间内机械设备的合理配置;在设备操作方面,馆员要注意创客空间设备工具的配置,要熟悉创客空间内设备工具的操作步骤,要有应对突发事件的能力,确保操作人员在发生操作故障时的安全;在创客空间理论上,图书馆员可以掌握创客和创客空间的基本概念,了解创客空间发展的新趋势,支持参与到创客空间的学生。借鉴美国大学图书馆的创客空间建设经验,美国大学图书馆的普通馆员和创客空间兼职人员大多具有较高的专业水平,如密歇根大学图书馆创客空间的图书馆员是在多个领域取得成果的专家。我国高校图书馆馆员大多仍然继承着传统图书馆的职能,缺乏对创客空间的重视和理解,非常有必要对他们进行教育和培训。

4. 领导团队

领导团队可以像风向标一样引导创客空间的运作和发展方向,创客团队实际上是一群有着相似想法的人,他们相互合作,实现共同的目标。据了解,我国"双一流"大学的很多创客空间都是由学生管理的,不可否认大学生中确实有很强的人才,但大学生要平衡学习、生活、娱乐,并且缺乏管理经验和专业素养,不能系统地管理创客空间,更不能保持创客空间的可持续发展。因此,对于创客空间的领导者来说,学校的教师和图书馆员是最合适的。比如南伊利诺伊大学图书馆的创客空间经理,是一位有着深厚学术和专业背景的数字活动和技术经理,因为他对图书馆的信息技术也有着丰富的经验,创客空间的运作离不开具有深厚专业技术背景和管理经验的领导团队。

5. 合作对象

我国高校图书馆的运营经费普遍依靠国家财政的拨款,所以高校更无法负担高校图书馆创客空间的建设和运营,而建设高校图书馆创客空间又需要大量的财力,因此亟须政府和社会上企业的资助。创客空间要想长久地运营下去缺少不了运营团队,除了本校老师的参与,还可以邀请社会上成功的创客团队或企业家来创客空间开设讲座和培训。在设备方面,3D 打印机、3D 扫描仪、激光切割器、焊接器、打印机等设备也必不可少(图 6-1),这些设备的维护检修都需要大量资金,因此资金问题是困扰高校图书馆构建创客空间的重要问题之一,所以高校要打开思路,与社会上的科研机构、成功企业、组织团体等进行合作,以缓解创客空间建设资金不足的情况。

高校图书馆通过引入创客团队,依托自己的资源优势为高校图书馆创客空间提供对应的专业指导;邀请组织团体、成功企业的专业人员来馆内开展讲座,分享经验。高校图书馆与校外企业、科研机构、社会组织的合作为高校图书馆创客空间注入了活力,提升了创客空间的服务效益,对学生而言,激发了学生的创新灵感,构建了新的成果转化链条。

为了使高校图书馆创客空间服务项目具有针对性和可持续性,高校需要成立更多的合作关系,只有这样高校图书馆创客空间的资金链条才有保障,才能为高校图书馆创客空间的服务对象提供更多的服务项目。

6. 线上线下平台

网络信息技术飞速发展的今天,人类社会已经进入一个新的社会阶段,今天的大学生都是经验丰富的网络用户,网络交流至关重要。高校图书馆创客空间作为一个线下平台为创客们提供交流和实践的场所,当然还可以建立一个在线平台,让学生可以通过虚拟平台与更多创客交流。通过搭建这些平台,学生可以展示他们的创造力和工作成果,通过他们的外部沟通和交流,使得创意和成果更加具体化,在分享经验和交流成果的过程中,大学生可以补充他们的知识,以便创造新的想法和灵感,创造新的思想和作品。目前"双一流"高校图书馆的官方网站都建立了微信公众号,通过网络吸引创客和对高校创客空间感兴趣的人,增加参与者,避免负面情绪,并将高校创客空间与虚拟平台相结合,丰富师生参与创客空间的方式,让更多的人了解并认识创客空间。

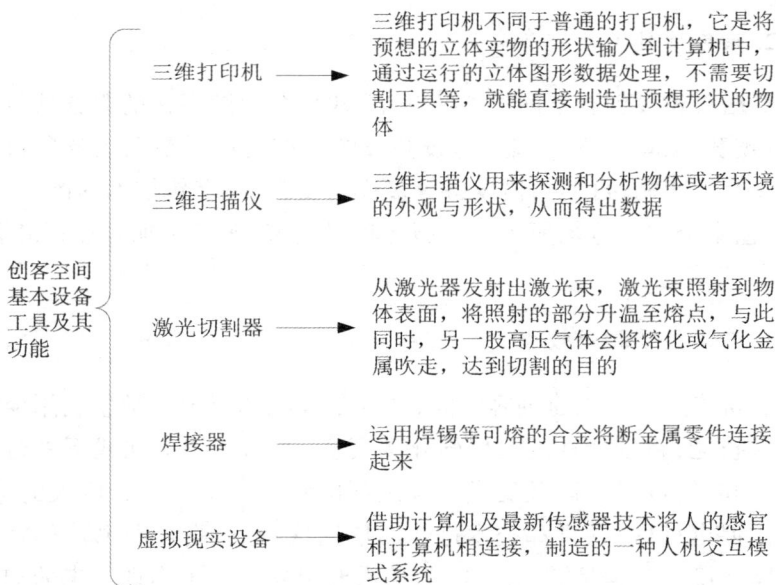

图 6-1　创客空间基本设备工具及其功能

（三）"双一流"建设高校图书馆创客空间的建设现状

1. 建设数量逐年增加

创客运动自 2009 年传入我国,近年来,随着越来越多的人加入创客空间,社会上创客空间的数量大大增加,基于这一现状,我国政府也越来越重视高校图书馆创客空间的建设,在我国公共图书馆中,率先建成创客空间的高校图书馆有上海图书馆、成都图书馆、广州图书馆、深圳图书馆、长沙市图书馆。

如今的时代是信息技术飞速发展的时代,网络充满了我们的生活,图书馆创客空间的建设也离不开信息网络的加持。过去的图书馆仅仅是为师生提供资料和文献的场所,如今的图书馆不仅是优质资源的集结地,更是一个开放的学习空间、交流空间。

2. 服务项目不断增多

根据对建设创客空间的"双一流"建设高校图书馆的服务项目的调查,发现我国部分"双一流"建设高校图书馆的创客空间服务项目提供3D 打印、云印刷、自助扫描设备等多样新设备,还有新技术的体验、研讨空间、艺术资源阅览场所等等。服务项目增多,服务更加专业,如图 6-2所示。

3. 总体数量相对较少

在高校图书馆创建创客空间,主要是鼓励和引导大学生利用他们的知识和技能,将创造性的灵感转化为现实,并通过线上和线下平台与他人展示和交流成果,以及促进相互之间的整合。这是一个巨大的进步,有助于促进社区、教育和技术进步。依据这一点,高校图书馆创客空间的发展不仅需要满足需求的知识,还需要建立有助于实现未来的知识管理机制。然而,许多大学并没有建立起与可持续发展相关的机制,也没有建立起图书馆与创客空间之间的联系。他们人为地将两者分开,在"双一流"大学图书馆的建设中建成的创客空间数量较少。

北京大学	设置新技术体验区，提供三维打印技术，置办音响、投影等基本设备和大屏幕电视等
复旦大学	提供三维打印技术、电子书阅读服务，提供苹果电脑等设备
清华大学	提供音像和电子阅览设备、计算机、自主扫描和文印设备等
大连理工大学	开放多人研讨间和电子阅览室
哈尔滨工业大学	提供多人研讨室，提供基本创客设备
湖南大学	提供现代化设备，为团队研讨、学术交流提供场所及网络环境
浙江大学	开放创新空间、多媒体空间、研究空间、交流空间等各种空间
西安交通大学	提供数字阅读、新技术体验、学术交流等服务
华东师范大学	提供孵化创业团队，开设创业课程、创客咖啡吧、展示创客技术、展示创客成果
天津大学	建设"云印刷"体验馆，提供创新创业、产学研一体化的线上与线下相关服务
武汉大学	开展创新创业讲座，提供艺术文化交流、艺术鉴赏等场所
上海交通大学	向高校学生提供创业平台、提供创新创业指导，提供新产品体验机会，举办创业讲座和创新活动以及建立"京东"校园服务站等

图 6-2 "双一流"建设高校创客空间服务项目

第二节　高校创新创业教育与专业教育的融合

深化高校创新创业教育与专业教育的融合是顺应时代发展和现实需要,是国家的重要战略指向,也是国家和社会对创新创业人才培养的内在要求。高校经过多年的改革与发展,在推动创新创业发展战略,建设创新型国家,培养高素质人才上取得了积极成效。但是创新创业教育并未在所有高校普及,高校应尽快调整教育政策,解决与专业教育融合上存在的一些问题,加强二者的融合分析研究,使创新创业教育与职业培训有机衔接,切实提高大学生就业创业质量,提高学生素质。

一、高校创新创业教育与专业教育融合的意义

(一)理论意义

在 21 世纪的今天,创新已经成为我们生活中不可或缺的一部分。在"大众创业,万众创新"的国家战略下,创新创业已成为社会不可阻挡的趋势,社会需求的不断变化给高校带来机遇的同时也带来了新的挑战。而创新创业教育作为高校教育教学的组成部分,旨在培养学生的创造性思维和动手实践能力,基于这一事实,高校创新创业教育与专业教育的融合显得十分重要,具体体现在如下几方面。

第一,可以科学合理地融入职业课程,完善和发展职业教育教学理念,为职业教育的发展提供理论依据。

第二,可以完善高校教育培训体制改革,有益于解决地方院校专业设置中融入创新创业教育的改革难题。

第三,创新地方院校人才培养模式和理论,着力为社会培养高素质劳动者和综合技术技能人才,保障职业教育教学质量。

第四,打破传统地方院校转型发展模式,丰富地方院校转型发展理

论,也可以为我国创新创业教育的发展提供新的思路。

　　培养具有创新精神的高素质专业人才是高校创新创业教育与专业教育融合的根本目的,高校要适当调整人才培养方案,将创新创业能力的培养融入专业教学中,努力提高高校人才培养实效性。

（二）现实意义

　　高校创新创业教育与专业教育的融合有利于为高校大规模扩张和内涵发展之间的矛盾提供解决思路。随着我国进入全面小康社会,社会的贫困问题已经得到解决,社会的经济发展和人们的生活水平得到了极大的提高,随之而来的就是受教育程度的提高。近年来,我国高校发展迅速,呈现出扩张之势,但是高校的内涵发展却稍显落后,教育理念跟不上时代发展的步伐,人才培养方式守旧,教师教学能力不足,教育资源过于分散等因素紧紧束缚着高校内涵的发展,高校难以形成核心竞争力。探索高校创新创业教育与职业培训相结合的路径,培养高素质创新人才,对于解决高校大规模扩张和内涵发展之间的矛盾具有重要的现实意义。

　　当前,高校教育理念、人才培养和实践平台的发展与高校改革发展紧密相连,一些地方院校的转型发展是迫于国家和政府的要求,是迫于社会形势而做出的被动选择,在教育理念和人才培养上,这些高校的管理者普遍缺乏对学校转型发展的理论研究与指导,无法做出科学的决策和专业的引导,在实际操作中,缺乏动员全校师生参与改革发展的意识,并且这些领导者思想守旧,缺乏高校改革发展的新理念。理论与实践的严重不足阻碍了高校转型发展的步伐。通过深入研究和探讨高校创新创业教育与专业教育的有效结合,形成系统化的理论,实现高等教育与创新创业教育在更广阔的空间和更深的层次上融合,为地方院校在新形势下走创新创业教育与专业教育相融合的转型发展路线提供有益借鉴。

　　此外,探索高校创新创业教育与专业教育相结合的路径有利于推动区域经济发展,加强创新创业教育,提升职业教育人才培养质量,促进学生整体素质的提高,培养创新人才和高素质毕业生;有利于促进社会经济发展与高质量毕业生就业之间的良性循环,解决大学生难就业的现实问题,倡导积极创业、优势就业,推动社会经济发展。

二、高校创新创业教育与专业教育融合的基本准则

创新创业教育与专业教育有机融合需要有一个探索和实践的过程，同时也是对整个融合进行系统设计的过程，这个融合过程需要遵循三个原则，即适应性原则、需求导向原则、循序渐进原则。高校要清楚自身的学科专业优势，并将这个优势转化为创新创业教育优势，合力培养学生的创新能力与专业技能，提升学生的综合素质。

（一）适应性原则

目前，我国高校的教育重点是培养具有过硬专业知识的高素质人才，这也是我国专业人才培养的方向。近年来，随着社会的发展，社会对人才要求越来越高，高校的人才培养重点也变成了培养具有创新精神的高素质人才，因此，高校在教授专业知识的同时，必须将创新创业教育与专业教育相融合。高校在整合创新创业教育与专业教育时，不仅要注重专业人才的培养，还要注重创新创业人才的系统培训和教育的实用性。根据适应性原则，我国高校应尽早将创新和创业教育纳入高素质人才培养过程中。除专业课程外，我们还需要整合创新和创业课程，要将培养目标要求、课程设计和实践学习活动纳入教学重点，密切关注创新创业教育的实践作用，努力培养出适应社会发展的创新创业人才。

遵循适应性原则融合创新创业教育与专业教育需要注意如下三个方面：

第一，在培养专业人才时，要将创新理念、课程设置、学分评价等融入专业人才教育的教学方案中。

第二，课程内容、上课时间和任课教师是双创教育与专业教育融合的必要条件，在具体的实践方案中，课程的融合是重中之重。

第三，双创教育与专业教育融合的目的是培养具有创新精神的创新创业人才，因此创新创业教育的实践性就显得尤为重要，要格外重视教学实施时的场地、课程的制定与安排等。

（二）需求导向原则

我国长期受应试教育的影响，只注重学生的分数高低而忽视了学生的全面发展，所以学校的教育也只以传授知识为重点，忽略对学生的主观能动性、想象力和创造力的培养。在社会经济高速发展的今天，应试教育培养出的人才已无法满足现代社会的需要。基于这一现实背景下，高校纷纷进行改革，将创新创业教育与专业教育相融合，促进学生的全面发展。

创新创业教育与专业教育是高等教育的两个基本组成部分，二者对培养既具备过硬的专业知识，又具有创新精神和实践能力的高素质人才尤为重要，因此要培养高水平的专业人才，不仅要注重专业知识的积累，还要注重他们的创新能力和实践能力。高校必须遵循需求导向的原则，并从互补的角度有效整合双创教育与专业教育。首先，高校应积极寻求有效的改革计划，创新人才发展战略，并将创新创业理念和教育理念科学地纳入其课程，处理好学生专业理论知识与实践能力培养的相互关系，切实提高教学质量；其次，要在经济发展对人才需求的转变背景下，把培养学生的开拓与勇于创新的精神与专业教育有机结合，两者共同作用，合力培养高素质人才。

（三）循序渐进原则

在全面深化高等教育教学改革的背景下，高校将创新创业教育与专业教育有机融合，致力于全面提高人才培养质量，这也推动了高校改革的步伐。为了培养专业人才，我们必须关注学生成长期的心理和生理变化，创新创业教育也不例外。因此，创新创业教育与专业教育的融合不是一蹴而就的事情，而是一个不断实践、不断探索的过程，高校应遵循循序渐进的原则，在原有观念上进行突破，积极发展创新，不断提高学生的专业水平和创新能力，以适应现实社会的发展需求。

三、创新创业教育与专业教育融合的路径探索

在社会不断发展的大背景下，培养高素质人才，促进创新创业教育与专业教育的有机融合已经成了高校的首要任务。当前高校的主要教育活动包括创新创业教育和专业教育,这两者之间的关系十分密切,能够相互促进,相互激励。将创新创业教育科学地纳入专业教育系统可以激励学生提高创业技能,培养学生对创业的热情。然而现实情况却与我们的理想状态差距较大。因此,创新创业教育必须植根于专业教育,这不仅丰富了专业教育,而且为学生掌握创新创业知识打下了坚实的基础。因此,高校要积极探索人才培养模式,将新的教育理念融入原有的教学实践中,改变传统教育方式,有效促进创新创业教育和专业教育的融合。

（一）理念渗透

要将创新创业教育与培训深度相结合,首先必须从概念角度深入理解。从提高学生的素质及企业对创业人才的需求出发,探索建立专业和创业教育体系的整个过程,将创新创业教育与专业教育有机地结合起来,提高学生的创新意识和创业技能,培养学生的创造力、想象力。其次,要培养具有创新创业精神的专业人才,高校和本科生需要改变过时的传统观念,将创新创业融入专业教育体系,有机结合,提高学生就业率。要改变这一现状,把创新创业和专业教育的融合作为提高学生整体素质的手段,有两件事要做:第一,大学要改变传统的教育理念,深化改革,推动教育管理体制改革。将创新创业融入专业教育过程,提高学生的专业能力和创业意识,培养具有过硬技能的高素质人才。第二,教师要打破原有的教育思维,改变传统教学方式,将创新创业融入专业技能教育中。

（二）创新课程体系

在高校,对创新创业教育与专业教育融合的课程内容侧重因不同年级、不同性别而有所不同。低年级学生由于刚进入大学校园不久,在课程内容上更注重对专业知识的学习,对他们而言,学好了专业知识就意味着为创业打下了坚实的专业基础;而高年级的学生由于即将走入社会参加工作,他们在课程内容上更倾向于创新创业教育理论知识的学习,力图为毕业创业或者参加工作添砖加瓦;当然,也不乏有些学生同时兼顾创新创业知识与专业知识的学习,他们坚信扎实的学科专业知识和创新创业知识是相辅相成的,一方面,可以通过实践来检验学生的理论知识是否扎实;另一方面,创新创业教育具有很强的实践性,将两者进行融合可以有效培养高素质的创新创业型专业人才。

(三)加强二级学院间合作

培养专业型人才具有复杂性和系统性的特点,而双创教育的特点是其全面性和实用性。因此,我们必须遵循将两者结合起来的适应性原则。高校应加强各学院间的交流和跨学科合作,同时确保专业教育顺利进行。创新创业教育和专业教育的有机结合将有助于学生综合素质的提高,并不断提高他们的专业技能。加强创新创业人才的跨学科培训,创新型人才不仅需要丰富的经验,还需要多学科知识和广泛的学科视角。

考虑到不同学科的差异性,创新创业教育可以和人文、社会科学、自然科学等专业类别有机融合。为了培养创新人才,各学院必须促进跨学科研究。面对跨学科研究的挑战,可以开设相关专业,增加课程的多样化,提出新的研究课题,还可以成立一个新的学院。不同的学科有不同的专业特征,要在尊重的基础上求同存异,增加学科包容性,致力于培养复合型人才。

(四)改进教学方式

通过将传统专业教育平台与创新创业学习平台有机融合,优化理论学习与实践学习的关系。目前,高校创新专业课程的开发并不是十分顺利,这与缺乏专业的理论指导有关。由于高校目前的教育场地还仅限于课堂,教育理念落后,教育模式单一,使得高校的创新创业教育一直无法走上正轨,这也是阻碍创新创业教育发展的一个重要因素。高校要进行教育改革,实现互动式课堂改革,让学生充分参与到课堂教学中来,提高学生的学习兴趣,激发学生的创新思维。在进行专业和能力测试时,制定新的评估标准,改变以往60分及格的模式,适当增加主观题的试题比例,培养学生独立学习和思考的能力。学生可以自由地选择感兴趣的专业,可以和同学组成兴趣学习小组,教师也可以将最新研究纳入国际学术发展和创新创业的课堂教学。

（五）建立融合型师资队伍

我国高等院校要构建完善的服务体制，做好大学生的创新创业指导，引导和扶持大学生开展各种创新创业教育的实际操作活动。高校在设置创新创业课程、安排创新创业教育专门教职岗位的基础上，坚持"走出去"与"引进来"相结合，一方面，高校可以选派一些优秀的创新创业骨干教师进入企业挂职锻炼，熟悉企业生产的整个流程，体验企业生存和市场规律，目的是提高创新创业骨干教师的专业能力和实践能力，以便给学生提出专业的实践指导；另一方面，高校也可以邀请成功的、有威望的企业家、管理专家、创业家去学校进行演讲，分享一些专业方面最前沿的创新动态，也可以引进和聘任一些经验丰富的企业家、创业者来学校做创业导师，充分扩充学校创新创业师资队伍。

（六）加强校企合作

创业教育的最终形式就是创办企业，企业也是创业教育实施的最终受益者，企业在高校创新创业教育与专业教育融合的具体开展过程中的作用会更加凸显。企业可以利用自身的资金、企业师资、生产环境等方面的优势和高校进行合作，制订高校创新创业人才培养方案，为企业未来的发展添砖加瓦；高校也可以引进企业的真实项目，将企业的实际生产内容与学校的课程理论相结合，为企业员工的选拔奠定基础，也可以让学生提前感受企业生产的真实环境。加强校企合作，利用现有的校内场地创办校企联合孵化项目，让学生充分参与其中，亲身体验创业过程，增加学生对创业的直观感受。真实的创业体验加上创新创业理论的加持，能增加学生的创业成功率，使他们将学到的创业理论知识与实践完美结合。对于企业而言，这种模式也促使创业教育的科技成果和商业方案及时转化为生产力，产生经济效益。

参 考 文 献

[1] 赵杨．创新创业实践与应用型高校人才培养研究 [M]．北京：中国纺织出版社，2022．

[2] 李国辉．高校跨学科复合型创新创业人才培养模式研究 [M]．长春：吉林文史出版社，2019．

[3] 胡雁，潘复超，熊斌．民办高校创新创业人才培养探索与实践 [M]．大连：大连理工大学出版社，2018．

[4] 王芳．新工科背景下高校设计学科人才培养研究 [M]．北京：中国原子能出版社，2021．

[5] 李喆．地方高校创新创业教育研究 [M]．济南：山东人民出版社，2020．

[6] 王帆．推动实践与创新创业能力培养 [M]．云南大学出版社有限责任公司，2020．

[7] 陆丹．大学创新创业教育与应用型人才培养：三亚学院创新创业教育教学实践 [M]．上海：上海交通大学出版社，2020．

[8] 陈忠平，董芸．新形势下高校创新创业教育 [M]．北京：冶金工业出版社，2019．

[9] 程宇欢．高校教育供给侧改革与人才培养模式创新 [M]．北京：中国纺织出版社，2022．

[10] 刘有升．基于三螺旋理论的高校创业型人才培养机制研究 [M]．厦门：厦门大学出版社，2019．

[11] 刘建林．高校人才培养的理论与实践探索 [M]．西安：西北大学出版社，2019．

[12] 汪艳,胡仁东.高校创新创业学院生成与发展研究 [M].青岛:中国海洋大学出版社,2019.

[13] 韩少钦.开展"双创"竞赛课程思政的价值、维度与路径探析 [J].创新与创业教育,2022,13（4）:114–119.

[14] 赵迎华,林玲.高校大学生创业指导服务体系的构建 [J].改革与开放,2016（13）:109–111.

[15] 刘骊.浅议"双创"背景下大学生创新创业能力的培养 [J].就业与保障,2022（9）:127–129.

[16] 郑大明.从幻想到现实,以儿童眼光观察现实世界——吴正宪数学教育思想的启示 [J].教育科学论坛,2023（11）:69–71.

[17] 秦祖智.企业多元化发展的风险规避模型研究 [J].企业科技与发展,2012（11）:117–119.

[18] 严莹,闫涛.基于协同学理论的高校双创教育协同机制分析 [J].高教探索,2023（1）:108–113.

[19] 刘畅.创新驱动发展战略视阈下高校开展创业教育的思考 [J].辽宁经济管理干部学院.辽宁经济职业技术学院学报,2015（1）:63–67.

[20] 方德英.高校构建"数字化学习环境"的非技术思考 [J].北京教育（高教）,2014（6）:22–26.

[21] 李雪萍,安虹.高校体育课程与思政教育相融合的现状与实施路径研究——基于高校体育课程思政建设的思考 [J].运动精品,2022,41（5）:39–41.

[22] 黄兆信.论高校创业教育与专业教育的融合 [J].教育研究,2013（12）:12–15.

[23] 罗博,吴钢.创客空间:图书馆新业态发展实践与启示 [J].情报资料工作,2014（1）:12–15.

[24] 宋敏.高校图书馆"创客空间"的构建研究 [J].图书馆学刊,2016,38（2）:47–50.

[25] 车宝晶.高校图书馆构建创客空间的理论与实践研究 [J].图书馆学刊,2014,36（11）:78–80.

[26] 丁海容,王军,唐成毅,等.创客空间,高校图书馆社会化服务的新路径 [J].四川图书馆学报,2016（3）:38–41.

[27] 董红丽,黄丽霞.公共图书馆移动创客空间服务研究 [J].图书馆,2019（9）:75–79.

[28] 王德宇, 杨建新, 李双寿. 国内创客空间运行模式浅析 [J]. 现代教育技术, 2015, 25 (5): 33-39.

[29] 吕亚娟, 张兴. 创客空间: 高校图书馆服务新动向 [J]. 图书馆学刊, 2014, 36 (1): 96-98.